JN143451

プレゼンテーション実践トレーニング

杉田祐一・谷田昭吾 著
Yuichi Sugita & Shogo Tanida

杉原 桂・橋本ゆかり 監修
Katsura Sugihara & Yukari Hashimoto

野呂幾久子 編
Ikuko Noro

Presentation Practice Training

ナカニシヤ出版

はじめに

本書作成の背景

見方を変えると，プレゼンテーションはより身近なモノになる。
より身近なモノになると，より学びたくなる。

プレゼン（プレゼンテーション）と聞くと，多くの人は「大勢の前で話す」「学会で発表する」「ビジネスで相手を納得させる」ためのものといったイメージがあるのではないでしょうか。言い換えれば，「プレゼンは非常にハードルが高いものであり，自分の生活には縁がうすい」「プレゼンがうまい人は特別な能力があって，私になんてできっこない」と思い込んでいる人も少なくないかもしれません。

しかしながら，プレゼンを「誰かに何かを伝える場」と視点を変えてみたらどうでしょうか。「友人を食事に誘う」「部下に仕事をお願いする」「人に道案内をする」など，じつは私たちの身の回りにはプレゼンの機会はたくさんあります。そして，友人・先輩・上司・家族・初対面の人など，相手が変われば，おのずと伝え方を変えているのではないでしょうか。そう考えると，私たちは日々，プレゼンをしながら生活を送っているともいえます。

一方で「プレゼン」と聞くと，胸のあたりがざわつき，その言葉を発した人から距離を置きたくなることもあるかもしれません。じつはプレゼンの実践にあたっては，このような心理的な壁が大きく影響しています。日本人は多くの場合，プレゼンに対してネガティブな感情をもっています。でも，それは当然のことかもしれません。なぜならば私たちはこれまでプレゼンの教育をほとんど受けてきていないのですから。実際，学生に聞くと，9割以上はネガティブな印象をもっていました。逆にいえば，この心理的な壁を越えていくことが，プレゼンが上手になる最初のステップであるといえます。それもいきなり越えるのではなく，少しずつ越えていくというところがポイントです。

以前に比べれば，プレゼンを扱う書籍は増えています。また著名人のプレゼンをインターネット動画で容易に閲覧することもできるようになりました。それだけプレゼンに対する世間の認識や社会的な必要性が高まっているのでしょう。一方，それだけ環境が整いながらも，「プレゼンが楽しくなってきた！」「プレゼンがうまくなると，こんなこともできるんだよ！」という声が増えてきたという話はなかなか耳にしません。この「情報の送り手と受け手の違いは何なのか？」という点が，本書を執筆するに至った一つの背景でもあります。

なぜ送り手と受け手のギャップが埋まらないのかを考えてみると，以下の三つの理由があげられます。

第一に，プレゼンに関する情報の多くが，受け手の実情にそぐわないのではないかということです。テレビや動画を見て「この人のプレゼンはすごいなぁ！」と感動することはあっても，「このプレゼンをあそこで使ってみよう！」と触発される人は少ないのではないでしょうか。なぜならば，一部の人を除いて，テレビや動画のようなシチュエーションに遭遇することは滅多にないからです。結局，プレゼンを行うこと自体に現実味がなく，モチベーションも上がらない（うえ，そのこと自体にも気づかない）ということにつながってしまいます。

第二に，よいプレゼンをするための「テクニック」を求める人が意外に多いということです。ビジネスなどでは「手段よりも目的が大切」といわれているにも関わらず，いざプレゼンというときに，プレゼンの目的を忘れて，テクニックばかり用いてしまう人もいます。決してテクニックが悪いとはいいませんが，目的地を決めないで船を走らせてしまうと，どんなに操舵の技術があっても船が遭難してしまうように，「プレゼンの目的地はここ！」という視点が抜けてしまうことで，プレゼン自体が遭難してしまいかねません。その結果，「せっかくプレゼンが上達したと思ったのに，相手の反応がよくなかった……」と自信を喪失する事態を招くこともあるでしょう。

第三に，プレゼンを行った後の振り返りが乏しいということです。言い換えれば，プレゼンのPDCA（Plan → Do → Check → Act）のサイクルがうまく回っていないということです。実際，プレゼンをやった後に，その具体的な振り返り（Check）を行っている人は少ないのではないでしょうか。プレゼンは試行錯誤を繰り返すことで確実に上達します。そしてプレゼンの機会が身の回りにあるという視点に立てば，「振り返りの機会」すなわち「上達の機会」が，じつは私たちの足元にたくさん転がっているのです。

本書が想定している読者

このプレゼンの教科書は，大学の授業のために書かれたものですが，同時にプレゼンに関わる企業や組織のみなさん，そして，プレゼンの教育に関わるみなさんへのヒントを盛り込んであります。

大学の授業はもちろん，企業の研修などでも同様ですが，講義の参加者がみなプレゼンがうまくなりたいというモチベーションをもっているわけではありません。本書も，「やりたくない」「面倒くさい」など，いろいろな考えや感情をもった人たちと，共に学び合うための場を形成し，効果的な学習につながるよう細かくステップアップすることを意図して作りました。

私たちの授業では，同時に複数の教員が学生に関わっており，教壇に立つ教員だけではわからない学生の反応や理解度などを観察しながら，どのような説明や授業の流れが効果的なのかを考え，授業を作り変えてきました。まさに私たちもお互いにフィードバックをしあいながら，授業という一つのプレゼンを改善し続けています。こうして編まれたこの書籍が，みなさんが人に何かを伝えるとき，あるいはそのトレーニングをする際の参考になれば幸いです。

本書の特徴

本書は「実践トレーニング」というタイトルをつけており，実践を通してみなさんのプレゼンの上達に寄与することを目的としています。その特徴をあげれば，以下のようになります。

- 知識の習得ではなく，実習（ワークシート）を通して日常で実践する力を養う。
- 心理的な壁を少しずつ越えていけるようなステップを意識した構成である。
- 話し手の感情や在り方が聞き手に及ぼす影響についての理解を深める。
- プレゼンを行う（Do）だけではなく，準備（Plan）や振り返り（Check）を通して，今後のプレゼンの向上（Act）につなげていく（プレゼンの PDCA を回す）。
- 「他者から学ぶ」ことでプレゼンの引き出しを増やす。

想定する授業構成

本書の構成にあたっては，アリストテレスの「弁論術」を参考にしています（弁論術については p.8 をご参照のこと）。これはプレゼンを「論理（ロゴス）」「感情（パトス）」「信頼（エトス）」という多面的な視点でとらえ，実践することが，効果的な学びにつながると考えているからです。授業としてお使いいただく場合ですが，本書は全 6 回の授業を想定して作っています。準備として 1 回，「論理（ロゴス）」2 回，「感情（パトス）」2 回，「信頼（エトス）」1 回です。あるいは，「フィードバック」1 回を入れて，全 7 回の授業とすることも可能です。しかし，これらはあくまで目安であり，その授業の状況に合わせて，自由にご活用いただければ幸いです。

2019 年 3 月
杉田祐一・谷田昭吾

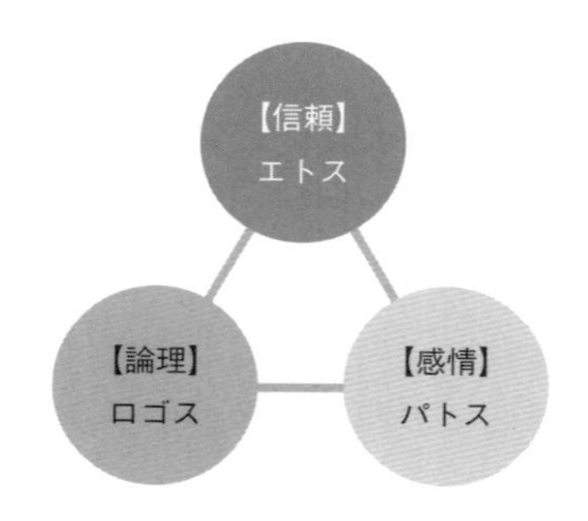

図 0-1　全 6 回の構造

目　次

Part Ⅰ
本文編

01 プレゼンとは何か

☞ねらい
- プレゼンに対する自分のイメージや感情を認知する。
- プレゼンに対する認識の枠を広げる。
- 引きつけられるプレゼンの特徴を知る。

01-01 プレゼンテーションのイメージ

みなさんは，プレゼン（プレゼンテーション）についてのどのようなイメージをもっていますか。そして「プレゼンをする」と聞いたときに，どのような感情が起こりますか。まずそれを出しあってみましょう。

【実習 1-1】プレゼンに対してもっているイメージや気持ちを，ペアになって話します。

- 実習では毎回，お互いに名前を伝え，「よろしくお願いします」と挨拶をしてから話を始めましょう。
- ここからプレゼンの練習が始まります。話すときに，「相手に伝えよう」という意識で話してみてください。

【実習 1-2】終わったら，二人で話したことを，全体に向けて伝えます。

- 話す人は，初めは少し緊張するかもしれませんが，回数を重ねることで慣れていくこともあります。「相手に伝えること」を意識して話してください。
- 聞く側の態度も大切です。話す人の方に体を向けて，しっかりと聞きましょう。

どうだったでしょうか。プレゼンのイメージとしては，「授業で自分が調べたことを研究発表すること」「会社員が「こういうプロジェクトをやりたい」といった提案をすること」など，さまざまなものがあったのではないでしょうか。またプレゼンに対する気持ちについても，「高校までに生徒会などをやっていたため慣れている」という人や「人前で話すのが好き」という人もいるかもしれませんが，一方で「大勢の前で話すと緊張する」「嫌だ，面倒くさい」「うまく話せるか不安」など，ネガティブな気持ちが起こる人もいるかもしれません。いろいろな気持ちがあるのは当然です。まずは，自分の中にそういうイメージや気持ちがあることを認知しましょう。その上で，「プレゼンテーション」の意味を考えてみましょう。

01-02 プレゼンテーションを「プレゼント」と考えてみよう

プレゼンテーションの定義
会議などで，計画・企画・意見などを提示，発表すること。
（広辞苑）

「プレゼンテーション」という言葉は辞書には左のように書かれています。「調べたことを発表する」「会社の中で提案する」などは，この定義に当てはまりそうです。では，会議や授業以外にプレゼンはないのでしょうか。

プレゼンテーションは英語の「プレゼント」[1)]から派生した言葉です。そこで，相手のために，自分がもっている知識や体験したことなどを「プレゼント」として渡すこと，大切な人にその知識や経験を，「喜んでもらえるのではないか」「役に立つのではないか」という気持ちで伝えていくのがプレゼンだ，と想像を膨らませてみてはどうでしょう。

プレゼンからプレゼント（贈り物）をイメージしてみましょう。

そう考えると，会議や授業だけではなく，さまざまな場面にプレゼンはありそうです。たとえばみなさんが友達と食事に行くときに，「何食べる？」と聞かれて，「＊＊は，この前テレビに出ていておいしそうだった」「ヘルシーでボリュームがあるんだけれど，とても安い」と言うことも，「自分の知っていることを役立ててもらうために相手に伝える」という意味では，プレゼンといえそうです。このように，さまざまな場面で自分の知識や体験を相手に「プレゼント」することを，本書では広く「プレゼンテーション」ととらえることにします。

1）ちなみに英語の present には，名詞としては「贈り物」の他に「現在」や「存在」の意味があり，その語源はラテン語の「あらかじめ―ある」という意味の言葉に由来します。

みなさんが今もっている，あるいは将来もつ知識や経験は，自分にとってはあたりまえのものでも，それを知らない人にとっては宝物かもしれません。そんな宝物をぜひたくさんの人に「プレゼント」してもらえたらと思います。そしてせっかくの「プレゼント」です。黙って置いていったり，つまらなそうな顔で投げて渡したら，台無しですよね。自分の中にいろいろな気持ちがあったとしても，どうしたら相手に喜んで受け取ってもらえるかに意識を向けて渡しましょう。

01-03 話し上手な人とは

さらにプレゼンについて考えながら練習していきましょう。みなさんにとって，プレゼンが上手な人とはどんな人なのでしょうか。

【実習 3-1】各自【実習シート 1】(☞ p.59) に記入します。まず 1) に，まわりの友人，先生，部活のコーチや先輩，テレビに出てくる人や芸能人などの中から，プレゼンが上手だと思う人を二人考えて名前を書きます。2) には，その人のどのような要素からプレゼンが上手だと思ったのかを，具体的に書きます。

【実習 3-2】書き終わったらグループになり，一人ずつ今書いた内容をグループの人にプレゼンしましょう。

- この実習では，持ち時間が終わるまで話すことにチャレンジしてください。話が尽きてもじっと終了時間を待つのではなく，最後まで話す練習をしてください。また，プレゼン中に時間を意識することも大切です。「これぐらいが＊＊分」という感覚を自分の中に身につけるようにしてください。

誰のどのようなところがプレゼン上手とされていたでしょうか。ここではその内容というより，観察する視点をもつことが大事です。限られた授業時間でプレゼンがうまくなるには，「いかに他の人や身近なものから学べるか」が鍵になります。何となく「あの人はうまいな」と思うより，「あの人のこういうところがうまい」と具体的に認識した方が，自分のプレゼンに取り入れやすくなります。周りの人を観察し，自分の学びにしていきましょう。

また，自分がうまい伝え方だと思うことと，他の人がうまい伝え方だと思うことは，同じだったでしょうか。人と話してみると，自分と同じ，あるいはとても似た意見を言う人もいれば，想像もしなかった意見を言う人もいます。同じ／似ている人の意見を聞けば，「やっぱりそうなんだ」と自分の考えや感覚への自信を深めることができますし，思いもしない，むしろ「それは違うんじゃないの」と言いたくなるような意見を聞けば，新しい見方や，多様な視点に出会うことができます。ぜひ人から学ぶという意識をもって，「あの人のプレゼンはうまいな，その要素はこんなところにあるんじゃないか」と考え，さらにそれを「いつか」ではなく，「学期末の発表があるから，そのときに使ってみよう」というように，具体的な日常生活の場で生かしてください。

01-04 「初めて＊＊＊＊した」を伝える

本章最後のプレゼンのテーマは，「初めて＊＊＊＊した」です。「初めてディズニーランドに行った」「初めてサッカーをした」「初めて変な食べ物を食べた」といった，あなたが「初めて何かを体験した」ときのことを伝えてみましょう。

【実習 4-1】各自【実習シート 2】(☞ p.61) に記入します。1) に自分が話す体験を書きます。2) にそのときのエピソードや，自分はこうやって伝えていこうという流れを書きます。3) は，今は空欄にしておいてください。

【実習 4-2】グループになり，一人ずつ書いた内容をプレゼンします。聞く人は話す人のよい点を観察しながら聞きます。話が終わったら，聞いた人たちは，実習シートの 3) に，話した人のよかった点を記入します。その後，それを一人ずつ話した人に伝えます。つまり，それぞれが，「プレゼンする」➡「人のプレゼンを聞いてどこがよかったか観察する」➡「それをプレゼンして話した人に伝える」，という三つを行う実習です。

- 話す人は視線を意識しましょう。「プレゼント」をグループの人全員に届ける気持ちです。慣れない人はときどきでも結構です。慣れている人はシートを机に置いて手や身振りも使うと，さらに表現が豊かになります。
- 声も意識してみてください。自分の声が聞いている全員にきちんと届いていますか。ボールを投げるような感覚で，相手に声を届けましょう。

プレゼンをしてみて，どうだったでしょうか。中には「すごく緊張した」という人もいるかもしれません。自分が今緊張しているのか，いないのかなど，自分の状態を自分で把握できることは大事なことです。私たちも緊張することはありますし，緊張自体が悪いことではありません。緊張していてもうまく伝わる，むしろ「汗をかきながら話していて，一生懸命さが伝わったよ」など，緊張していること自体が相手に何かを伝えてくれる場合もあるのです。

01-05 最後に

これから毎回の授業の中で，何度もプレゼンの練習をします。その理由は，知っていることとできることは全く違うからです。自転車に例えましょう。自転車は「タイヤが二つある乗り物」「ハンドルを持ってペダルをこげば前に進む」ことを知識として知っていても，自転車に乗れるかというとそうはいかないことを，みなさんは知っています。自転車は，乗って➡漕いで➡転んで➡また漕いで➡コツをつかんで➡やっと乗れるようになります。プレゼンも，できるようになるために，何度もやってみることが大切です。また，自転車が乗れるようになった最初のうちは，「ペダルを漕ぐぞ，右，左」と考えたかもしれませんが，慣れてくるとそんなことは考えなくても自然と漕げていたはずです。プレゼンもそれと同じで，練習を重ねて慣れてくると，視線や声などをそのつど意識しなくても，相手に伝わるような話し方ができるようになります。そんな力を目指していきましょう。

【第１章のまとめ】

▶自らのプレゼンに対する認識が，自己のプレゼンの枠を決めている。まず自分がプレゼンをどのようにとらえているかを知ることが，プレゼン上達への第一歩である。
▶多くの人にとって，プレゼンへの心理的な壁は少なからず存在する。ネガティブな感情がある場合は，そのことを認めることで，プレゼンに対する意識の変化にも気づきやすくなる。
▶プレゼンを身近なものととらえることができれば，日々の中で意識的に実践することができる。意識的に実践することにより，より多くの上達の機会を得ることになる。
▶他者から学ぶ視点をもつことで，プレゼンの引き出しを増やすことができる。また，他者の視点をもつことは，自らのプレゼンを俯瞰することにもつながる。

01-06 弁論術をさらに知りたい方のために

アリストテレスは「万学の祖」とも呼ばれ，今日の学問の礎を築いた人でもあります。アリストテレスによれば彼以前の弁論についての考察は，

①確立した方法はなく，本人の慣れを頼りに行われている
②人を説得する方法とはかけはなれたことばかりが扱われている

といったものであったといいます。そこで彼が一石を投じ，弁論術の本質とは人を説得することであると説き，体系化したものが著書『弁論術』[2] です。

この本でアリストテレスは，説得の方法の本体にあたる説得推論の体系を説明するなかで，説得のための手段には次の三つの種類があると主張します[3]。

- 論者の人柄（エトス：品性）にかかっているもの
- 聞き手の心が或る状態（パトス：感情）に置かれることによるもの
- 言論が証明（ロゴス：理性）を与えているもの

そこで，本書では，この三つの要素を，「エトス（＝信頼）」「パトス（＝感情）」「ロゴス（＝論理）」と表現して，全体の構成にあたって参考にしています。

では，2,300 年以上も前に執筆された著作が，なぜ今も脈々と受け継がれているのでしょうか。それはアリストテレスの根底に，「人の役に立つ」という思想があったからではないかと思います。これは「われわれの言う真正の弁論術は役に立つものである」[4] という表現にもみられます。またアリストテレスは，学問を「理論」「実践」「制作（技芸）」の三つに大別しました。この理論だけではなく実践を重視しているというところからも，現代とは違う意味合いかもしれませんが，「役に立つ」という価値観を大切にしていることが伺えます。

現代は古代と比べ，多くの人がプレゼンの機会をもち，情報媒体の発達により伝え方のバリエーションもさまざまです。それと同時に，プレゼンに対する緊張や不安にも直面します。そんな未来をアリストテレスが予見していたかは知る由もありませんが，現存する世界最古のプレゼン本は，今もなお私たちに思考と実践のヒントをもたらしてくれます。

2）アリストテレス［著］／戸塚七郎［訳］（1992）．『弁論術』岩波書店
3）同書，32 頁，304 頁，410 頁（注 32）。
4）同書，27 頁以下。

02 論理的なプレゼン①
PREP 法で伝える

☞ねらい
- 聞き手に対し何を伝えたいかを明確にする。
- プレゼンの構造を組み立てる。
- 論理的に伝える型を繰り返し実践する。

02-01 PREP 法とは何か

表 2-1　PREP 法とは

P･･･Point	結論を示す
R･･･Reason	その理由を述べる
E･･･Example	具体例をあげて説明する
P･･･Point	再度結論を示す

第２章，第３章では，プレゼンの「論理（ロゴス）」の部分，わかりやすく相手に伝えることをトレーニングします。わかりやすく伝えるためには，まず話の構造を工夫することが必要です。その構造を考える上で有効だといわれているのが「PREP 法」です。

PREP 法とは，Point（結論・主張），Reason（理由・根拠），Example（具体例），Point（結論・主張）の頭文字を取ったものです。P ➡ R ➡ E ➡ P の順番で話すと相手にわかりやすく届けることができるという，話の構造の一つです。

まず「私が言いたいことは＊＊＊＊です」と「結論・主張（P）」を示します。次に，「その理由は●●●●です」と結論・主張に至った「理由・根拠（R）」を述べます。そして，その理由・根拠のもととなる「具体例（E）」を「具体的には……なのです」というように伝え，最後にもう一度，「このため，私の結論・主張は＊＊＊＊です」と，最初と同じ「結論・主張（P）」を述べます。この四つのステップをまとめて PREP 法と呼んでいます。

02-02 主張と根拠

PREP のうち，Point（結論・主張）と Reason（理由・根拠）をつなげるだけでもかなりわかりやすくなります。例えば，登山によく行く鈴木さんとこんな会話をしたとします。

あなた：登山っていい？
鈴木さん：登山はいいよ～。
あなた：どうして？
鈴木さん：最高だから。

これだと鈴木さんがなぜ登山がいいと思っているのか，わかるようでわかりません。「登山はいい」という「結論・主張」はあっても，「最高だから」だけでは（気持ちは伝わってきますが）具体的な論拠が示されていない，つまり明確な「理由・根拠」がないためです。しかし，「健康にいい」とか「達成感がある」という具体的な理由・根拠があれば，あなたも「ああ，だから鈴木さんは登山がいいと思っているのか」と納得しやすいのではないでしょうか。

逆はどうでしょう。「登山って健康にいいんだよね」「達成感があるよ」とだけ言われても，「だから登山はいい」と言いたいのか，「一緒に行こう」と誘われているのか，判断できません。理由・根拠だけで結論・主張がなくても，相手を混乱させる可能性があるのです。このためプレゼンでは，「こう思う」という結論・主張と，「なぜそう思ったか」という理由・根拠の二つを，しっかりとつなげて話す必要があります。そうすることで主張したいことの説得力が増すのです。本章ではまず，「結論・主張」と「理由・根拠」をつなげて伝えるトレーニングをしてみましょう。

【実習 2-1】 各自 **【実習シート 1】**（☞ p.63）に記入します。
【実習 2-2】 ペアになり，書いたことをお互いに相手に伝えます。

- 前の章でもふれましたが，話すときはただのおしゃべりではなく，プレゼンだということを意識して話しましょう。
- 主張と根拠をつないで話してください。例えば 1）では「社会人にとってプレゼンをする力は必要だと思います。なぜかというと，○○，△△，××だからです」，2）では「……です。だから……です」というように。

実際にやってみていかがでしたか。プレゼンが社会人にとって必要な理由は全員同じではなかったのではないかと思います。また，例えば性格，容姿，頭がよいという理由から出したある人物についての結論・主張にしても，「人気者」といった肯定的なものもあれば，「近寄りがたい人」などのやや否定的なものもでてくるかもしれません。ここからいえるのは，同じ理由や出来事でも，そこから導かれる結論・主張は人によって違うかもしれないし，逆に同じ結論・主張を聞いても，その理由・根拠として思い浮かべるものは人さまざまであるということです。よって，結論・主張のみ，あるいは理由・根拠だけでは相手に伝わりにくいのです。

このため，結論・主張を思いついたら，「どうしてそう考えるのか？」と一度自分に問いかけて，理由・根拠をしっかり考える。あるいは理由・根拠を並べてみて，「だから何が言いたいのか？」と自分に問いかけ，結論・主張を立てる。これを習慣にすることをおすすめします。おそらくプレゼンで話すときだけでなく，パワーポイントを作るとき，レポートを書くときなど，論理的な思考をする上でも役立つでしょう。

02-03　PREP 法の例

ではいよいよ PREP 法です。PREP 法を使って話すとしたらどのようになるのか，医師が診断結果を患者の田中さんに伝える場面を例に説明します。【　】は田中さんの心の声です。

P［結論・主張］：田中さんはどうも高血圧症ですね。
田中さん：【なぜそういう診断になるのだろう？】
R［理由・根拠］：ガイドラインによると，高血圧かどうかの基準は，高い方が＊＊以上，もしくは低いほうが＊＊以上なんです。田中さんの血圧はそれから外れているんですよ。
田中さん：【具体的に私はどんな数値なのかな？】
E［具体例］：2 回測定したんですけれども，平均血圧は 150 の 80 で，上が基準を超えていました。
田中さん：【ああ，だから……。】
P［結論・主張］：だから田中さんは高血圧症と考えられます。

田中さんの心の声のように，一般的には結論・主張を聞いたらなぜそう考えたのかという理由を知りたくなり，理由を聞いたら具体的な例やデータを知りたくなることが多いと思います。そこでそうした気持ちに応える具体的な情報を示した上で，最初と最後に一番重要な結論・主張を入れると，PREP の順番になります。

02-04 PREP 法でリンゴを売る

それではこのPREP法を使って，実際にプレゼンをしてみましょう。テーマは「リンゴを売る」です。とはいえ，みなさんの中でリンゴを売ったことがある人はそう多くないでしょう。普段あまりない状況を設定したのは，ここでPREP法の型に意識を集中してもらうためです。ではさっそくやってみましょう。

【実習4-1】各自【実習シート2】（☞ p.65）に記入します。まずPに「このリンゴをおすすめします」「これがお買い得ですよ」など，自分の結論・主張を書きます。R，Eは，みなさんはリンゴの専門家ではないので，正しいか否かにこだわらず，「こういう理由や具体例をあげると説得力が増すかもしれない」と想像力をはたらかせて書いてください。

【実習4-2】グループになり，一人ずつ，グループの人にリンゴを売るプレゼンをします。

- 書いたことを読むだけではすぐ終わってしまいます。「＊＊分」という時間が与えられたら，時間いっぱい使って話してみましょう。そのために，店員としてお客さんに売る場面を想像して，話をふくらませてみてください。
- どのような声，表情，しぐさで伝えるとお客さんは買いたくなるでしょうか。そういったことも意識して伝えてみましょう。
- 聞く人は，「このプレゼンを聞いて自分は買いたくなるか」「もし買いたくなったとしたらどうしてか」「プレゼンのどこが効果的だったのか」を考えながら聞いてください。

02-05 PREP 法で誘ってみよう

今度は日常でよくある場面についてPREP法を使ってみましょう。テーマは「お誘い」です。「どこどこ行こう」とか「何々してみませんか？」というように，誰かを誘うことはありますよね。それをPREP法で伝えます。ただし，今回は宇宙旅行やホラー映画，マラソンなど，ややハードルの高いもので誘います。「お昼ご飯を食べに行こう」だったらすぐ「うん」と言ってくれる相手も，「宇宙旅行に行こう」となると……。なかなか「うん」とは言ってくれないですよね。そんな相手にyesと言ってもらえるように，PREP法で誘ってみましょう。

【実習 5-1】各自【実習シート 3】（☞ p.67）の 1），2）に記入します。1）には，右の九つのテーマのうち一つを選んで記入してください。2）にはそれに誘う言葉を PREP に分けて書きます。

【実習 5-2】ペアになり，一人ずつ，選んだテーマで相手を誘います。一人終了するごとに時間を取るので，話した人は「自分のよかった点」，聞いた人は「相手のよかった点」に記入します。

- 誘う側が真剣でないと相手はなかなか yes と言ってくれません。PREP 法の型を使った上で，真剣な気持ちで誘ってください。
- 聞く人は，その人のプレゼンのどこがよいのか，言葉，視線，ジェスチャーなどを観察しながら聞いてください。

あなたが誘った相手は yes と言ってくれたでしょうか。あなたは誘われて yes と言ったでしょうか。そうだとしたら，あなたや相手のプレゼンのどこに心が動かされたのでしょうか。これから実習 5-3 で，自分や相手のよかったところをお互いに伝えていきます。

【実習 5-3】ペアになり，一人ずつ，3）に書いた自分や相手のよかった点を伝えます。

- 自分のよかった点を言いにくい人は，今は感想でも結構です。
- 相手からよかった点を伝えられたときには，「全然そんなことない！」などと否定せず，「ありがとう」と受け取りましょう。せっかく相手がくれたプレゼントです。拒絶したり投げ返したりしないで，ていねいに受け取りましょう。

本章の実習もそうですが，本書では，プレゼンをして終わりではなく，それを振り返り，よかった点を含めてどうだったかをお互いに伝え合うこと（フィードバック）を大切にしています。なぜなら，この振り返りとフィードバックがあるかないかで，プレゼンの上達度が明らかに異なるからです。

先日，プレゼンを終えた人にどうだったか聞くと，「緊張して間違えた」「全然声が届かなかった」「だからうまくいかなかった」と言っていました。でも聞いている側からは，「緊張は伝わらなかったし，声も聞こえたし，しっかり考えられた上手なプレゼンだった」というフィードバックがありました。このように，「自分の思う自分のプレゼンが与えているであろう印象」と「人から見えるあなたのプレゼンが与えている印象」は，違っていることがあります。プレゼントを受け取った相手は喜んでいるのに，勝手にそうではないと決めつけてしまうのはもったいないです。よかった点，効果的な点も同じです。自分がうまくいったと思っている点とほかの人から見て効果的だった点は，違っているかもしれません。振り返って，お互いに「自分からはこう見えた」とフィードバックをしあうことで，プレゼンの認識を広げましょう。そして人のよいところはどんどん取り入れましょう。限られた時間で上達するために，教師やテキストからだけでなく仲間から学ぶ姿勢をもってください（フィードバックについては第7章をご参照のこと）。

02-06 最後に

PREP 法はいかがでしたか。先に述べたように，構造が身につくまではそれを意識して練習し，慣れたら自分なりにアレンジして使ってください。友達に旅行先を提案するとしたら，部活のミーティングで話すとしたら，PREP 法を用いるとどのようなプレゼンになるでしょうか。ぜひ日常生活で実際に使ってみてください。

【第2章のまとめ】

- ▶プレゼンが相手に伝わらない理由は二つ，「主張がわからない」ことと「根拠がわからない」ことである。
- ▶同じテーマであったとしても，そこから導く主張や根拠は人それぞれ異なる。相手に論理的に伝えるためには，「自分は何を伝えたいのか？」「どうしてそう考えるのか？」という意識でプレゼンを組み立てることが重要である。
- ▶論理的なプレゼンをするための型として PREP 法がある。「主張➡根拠➡具体例➡主張」の順序で伝えることで，相手に納得してもらいやすいプレゼンができる。
- ▶まずは伝える型を繰り返し実践することが大切である。型を身につけることによって，その後さまざまな場面でアレンジすることが可能となる。

02-07 PREP 法をさらに知りたい方のために

PREP 法は，欧米のビジネス慣習から生まれたプレゼン手法です。分単位でスケジュールをこなす経営者層や多くの競合相手をもつ取引先に対し，いかに短時間でシンプルにプレゼンをするかが，ビジネスが成功するための一つの鍵となることがあります。その点，初めに結論を伝える PREP 法は効果的です。結論が最後だと，「だからどういうことなのか，何を言いたいのか」と聞き手がいらいらしたり時間切れになることがありますが，PREP 法では最初に結論がくるので，何が言いたいのか，何をしてほしいのかが必ず伝わるからです。

一方で，自己主張を控え察し合うコミュニケーションに慣れている方の中には，初めに明確に結論・主張を打ち出す PREP 法に，多少の違和感を覚えた方もいたかもしれません。いつも PREP 法を使わなくてはならないということはありませんが，上述のように「短い時間の中で何かを伝えなくてはいけない」ときや，「明確に結論をわかってもらう必要がある」ときにはこの手法は効果的です。このため，PREP 法が有効と思われる場面ではこれを使えるようにして，慣れてきたらそれぞれの個性に合わせてアレンジすることをおすすめします。「型破りになるためには，型を知らなくてはならない」という言葉があるように，この章では，まず「型」を覚えるための実習をしました。

03 論理的なプレゼン②
意図をもって伝える

☞ねらい
- 意図の設定がプレゼンに与える影響を理解する。
- 協働でプレゼンを設計する。
- 他者のプレゼンを評価する。

03-01 意図とは何か

第２章に続き，第３章では，わかりやすく相手に届けるためのトレーニングをします。そのために重要になるのが，第２章で紹介した話の構造と，本章で説明する「意図」です。この章ではプレゼンの意図に焦点をあてながらトレーニングしていきましょう。

そもそも意図とは何なのでしょうか。辞書で調べると，「考えていること，おもわく，つもり。行おうと目指していること。また，その目的」（広辞苑）と書かれています。

例として，旅行の交通手段を考えてみましょう。みなさんはこれまでにいろいろな旅行の経験があると思います。そのときに交通手段として，飛行機，車，船，電車，列車，新幹線など，どんなものを使いましたか。なぜそれを選んだのでしょうか。

「学生同士で遊びに行く旅行だから時間はかかっても費用が安い車にした」「ビジネスの出張では時間を優先して飛行機を使う」「家族旅行だったらみんなでボックス席でお弁当が食べられる列車を選ぶ」など，旅行の目的，すなわち意図によって，交通手段を選んだのではないかと思います。つまり，旅行の意図によって交通手段は変わります。

03-02 プレゼンの意図

プレゼンも同様に，意図によって伝え方が変わります。プレゼンの意図とは，「話す人がプレゼンをすることで目指す目的」です。具体的には，以下の四つがあります。

- 理解してもらう
- 返事をしてもらう
- 共感してもらう
- 行動してもらう

例えば，第2章でリンゴを売ったときのように，人に何かの商品についてプレゼンをする場合，

- 商品のよさを理解してもらう
- 商品を購入するかどうかの返事（意思決定）をしてもらう
- 商品のよさに共感（感動）してもらう
- 実際に商品を購入してもらう

といった意図が考えられます。「商品のよさを理解してもらう」ためのプレゼンと「実際に商品を購入してもらう」ためのプレゼンでは，伝え方を変える必要があります。もしみなさんの中で，プレゼンをした後に，「何かうまく伝わらなかった」と思う経験があったとしたら，それはプレゼンの意図と伝えた内容にズレが生じていた可能性があります。プレゼンをするときには，自分がどんな意図をもって伝えるのかを明確にした上で，それが伝わるようにプレゼンを組み立てる必要があります。そこでここでは，意図が伝わるプレゼンの練習をしていきましょう。

【実習 2-1】ペアになり，一つのプレゼンを作ります。テーマは「おすすめの＊＊＊＊」です。コンビニのスイーツ，文房具，歌，俳優など，なんでも結構です。
まず，【実習シート 1】（☞ p.69）の 1）①にすすめるものを書きます。次に，プレゼンの意図を一つ決め，②にチェックをつけます。そして，その意図にそったプレゼンをペアで考え，2）に記入します。

- プレゼンをする人はペアのうち一人です。どちらの人もプレゼンをする準備をしてください。

【実習 2-2】グループになり，各ペアが，プレゼンをします。

- ほかの人と一つのプレゼンを作るという経験はあまりないと思います。これには，「ほかの人がどのようにプレゼンを作っていくのか，どのように意図を表現するのかを知る」ことと，「相手に自分が考えたプレゼンを伝えたときの反応からそれが人にどのように聞こえるかを客観的に考える」ことが目的としてあります。
- 話す人も聞く人も，意図をどのように表現するか（されているか）を意識してください。

プレゼンが終わったら，3）に記入します。発表者の立場，聞く側の立場から，意図を設定することでプレゼンにどのような影響があったか，よかった点はどこか，などを書いてください。

【実習 2-3】お互いに相手ペアのよかったところを伝えます。

- 「よかったところを伝える＝ほめる」ではありません。そのペアが選んだ意図はプレゼンの内容や話し方から伝わったのか，それは具体的にどんなところだったのかなど，相手が客観的に自分のプレゼンをとらえられるように伝えてください。

これまでのプレゼンでも意図や目的を考えていたかもしれませんが，それを明確化することによって，話す内容，組み立て方，話し方が変わってきたのではないでしょうか。

03-03 プレゼンの意図と PREP 法の関係

プレゼンの意図が理解できたところで，意図と前章の PREP 法との関係を考えてみましょう。次頁の図 3-2 がそれを表しています。PREP 法は主張から下の部分で，意図はその上にあります。つまり，意図があるから主張があり，それを支える根拠があり，事例がある，といった関係です。先ほどの実習 2-1 を思い出してください。例えば同じ「おすすめのタオル」というテーマであっても，共感してもらう意図なのか，実際に買ってもらう意図なのかによって結論・主張は変わったはずです。そして結論・主張が変わると理由・根拠が変わり，その具体的な事例も変わったはずです。例えば，意図が共感のときは，「このタオルが大好きで

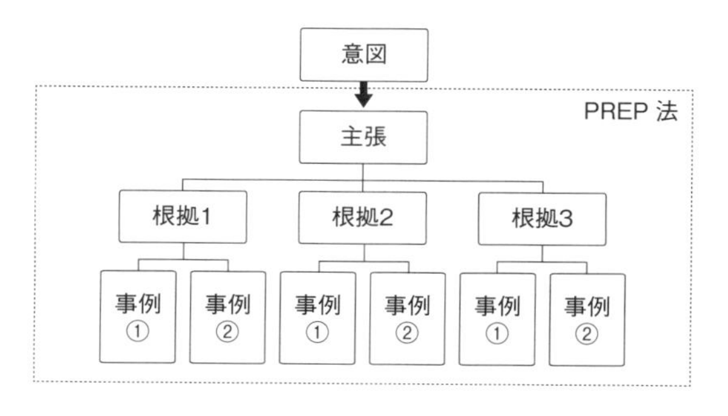

図 3-2　プレゼンの意図と PREP 法の関係

す」と主張し，理由として「触り心地がよいから」，事例は「触れるとふかふかしている」などをあげるとよいでしょう。意図が買ってもらうことであれば「このタオルをぜひ買ってください」が主張になり，その理由として「コスパがよいから」，具体的には「値段に比べて品質がよい」などをあげるというように変わります。意図はプレゼンにとって重要な要素なので，まず意図をしっかりと設定した上で，それをわかりやすく伝える構造（PREP）を考えましょう。

次に意図と PREP を意識しながら，「好きな食べ物」についてプレゼンしてみましょう。

【実習 3-1】各自【実習シート 2】（☞ p.71）に記入します。1）には自分が好きな食べ物を書き，2）で意図を設定したうえで，その意図にそって PREP を考えてください。

【実習 3-2】グループになり，一人ずつプレゼンをします。最初に「私の意図は＊＊＊＊です」と，意図を伝えてから始めてください。今回，聞く人には「評価」という大きな仕事があります。一人のプレゼンが終わったら，【実習シート 3】（☞ p.73）の評価表にチェックをつけてください。評価というとおおげさな感じがしますが，プレゼンをする上で大切なポイントを意識するためのものです。他者のプレゼンから具体的によい点／工夫できる点がわかると，自分に取り入れやすくなり，プレゼンの上達が早くなります。今回は「ロゴス」，論理的に伝えるプレゼンの要素について評価をしてください。またよかった点，工夫できる点についても記入してください。

- 話す人は，シートを置いて，身ぶり手ぶりを意識しながら話してください。

【実習 3-3】グループの中で，お互いの評価を伝えます。

- 「ここがよかった」「ここをもう少し工夫できたかもしれない」という点を相手に伝えることも，プレゼンです。伝えることで相手にさらに上手になってもらいたい，という「意図」が届くように伝えてください。

03-04 最後に

毎日の授業，友達とのつき合い，バイトなどで，相手に何かを伝えるときにわざわざ「意図」を伝えることを意識する人は少ないのではないでしょうか。しかし，「話を聞いたけど何が言いたいのかわからなかった」「グループで協力してやっていくための提案をしたはずなのに批判と受け止められてしまった」といったように，意図が伝わらないことによるミス・コミュニケーションはしばしば起こります。毎回でなくてもよいですが，日常生活の中で何かを伝えるときは，意図を設定し，その意図にそった伝え方を工夫してみましょう。

【第３章のまとめ】

▶意図の設定はプレゼンの成果に大きな影響を与える。意図が変われば伝え方も変わる。

▶意図をもつことで「伝えたいこと」と「伝わったこと」のギャップに気づくことができる。その結果，プレゼンの軌道修正が可能となる。

▶複数の人と協働でプレゼンを行う機会は少なくない。意図の設定はその際の羅針盤となり，当事者間の意思疎通やアイディア創出の役割を果たす。

▶他者のプレゼンを論理的な視点から観察・評価することは，自らのプレゼンを見つめることにつながる。「何がうまく伝わったのか」を具体的に抽出できれば，そのポイントを自己のプレゼンに取り入れることができる。

03-05 意図についてさらに知りたい方のために

もともと本書全体の構成や，本章執筆の参考にした書籍『ロジカル・シンキング』[1)]では，ビジネスの世界らしくシンプルに，メッセージを伝える際に「理解」「返答」「行動」の３種類の意図だけを意識しようと書かれていました。

しかし，感情労働の現場である医療の世界を考えたとき，この３種類だけではどうしても物足りなく感じられ，「共感してもらう」という意図を追記しました。デール・カーネギーの『人を動かす』[2)]にもあるように，論理的に相手を言い負かしても，相手には不満という

1）照屋華子・岡田恵子（2001）．『ロジカル・シンキング――論理的な思考と構成のスキル』東洋経済新報社
2）カーネギー，D．／山口　博［訳］（2016）．『人を動かす』創元社

感情が残るだけですが，心から納得してもらうことを心がければ，論理が伝わりやすい場合が多いのです。このことは，医療だけでなく多くの分野に共通していると考え，本章で紹介した4種類の意図を設定したのが本書の独自性です。

04 感情をまじえたプレゼン①
感情を伝える

☞ねらい
- 自分や人の感情を認知する。
- 言語，非言語を用いて感情を表現する。
- 非言語の中でも特に声を意識して伝える。

04-01 自分の感情を認知する

第2章，第3章では論理的なプレゼン，つまり聞き手にわかりやすく伝え，納得させるプレゼンについて考えてきました。しかし，わかりやすいだけではプレゼンは成功しません。いかに感情を込めて伝えるかも重要です。そこで，第4章，第5章では，相手の感情に訴えるプレゼンのためのトレーニングをしていきます。まず第4章では，感情認知と感情表現について考えてみましょう。

みなさんは日常生活の中でどの程度，感情に意識を向けていますか。今自分の中に起こっている気持ちや相手の中に沸いている感情に，どれくらい気がついているでしょうか。

SNS や LINE でメッセージを送る際，上のようなスタンプや絵文字を使う人は多いと思います。便利ですよね。言葉で説明しなくてもスタンプ一つで「今怒っている」「喜んでいる」という感情を伝えることができますし，相手の「感情」も伝わってきます。このように SNS や LINE のコミュニケーションでは，メッセージに感情を乗せて送り合うことを私たちはよく実践しています。

ではそれ以外の場面ではどうでしょうか。他の人の感情もそうですが，自分の感情についてもあまり考えていないという人が多いのではないでしょうか。しかし，自分や相手の感情を認知することは，プレゼンに大きな影響を与えます。そこで，まず感情を認知するためのトレーニングとして，最近自分の中に起こった感情について話してみましょう。

【実習 1-1】この一週間で自分の中に起こった感情について，そのときの出来事を思い出しながら**【実習シート 1】**（☞ p.75）に○をつけます。

- 大きな事件や感情でなくても結構です。むしろ「暑かったので部活に行くのが面倒だなと思った」「スマホを家に忘れてしまい一日中落ち着かなかった」といったような，よくある出来事，そこで起こったちょっとした感情を探してみてください。

【実習 1-2】ペアになり，シートに○をつけた感情と，その具体的な出来事についてお互いに話します。

- シートに記入した際の感情と，実際に相手に伝えてみたときの感情の違いにも意識を向けてください。

【実習 1-3】ペアで話したことを，全体に向けて話します。

いろいろな感情が聞こえてきたと思います。また，相手の感情の話を聞いて，その人に共感したり登場人物に怒りを感じたりと，自分の中に新たな感情が生まれた人もいたかもしれません。このように，私たちの中には日々さまざまな感情が起こっていますが，ほかのことに注意が向いていて，それを意識していない場合が多いのです。

04-02 感情とは何か

「感情」とは，人が心的過程の中で行うさまざまな情報処理のうちで，人，物，出来事，環境についてする評価的な反応である。[1)]

そもそも「感情」とは何でしょうか。感情については，心理学において長年にわたり数々の研究が行われてきたにもかかわらず，じつはいまだに確立した定義はありません。それだけ，感情を言葉で規定することは難しいのです。しかし，掲載した定義をはじめ，いくつかの定義は提案されています。本書では，何かの出来事や事実に遭遇したときに，怒る，悲しむ，喜ぶなど，それぞれの人の中に起こるさまざまな心的

1）Ortony, A., Clore, G. L., & Collins, A. (1988). *The cognitive structure of emotions.* Cambridge: Cambridge University Press

反応を「感情」と呼ぶことにします。

また，感情には「有害説」と「有用説」という正反対の学説があります。例えば受験勉強をしていた時期を思い出してください。勉強しなければならないのに「友達と遊びたい」「ゲームをしたい」と思ったことはありませんか。その気持ちにしたがって勉強をやめたり，やめなくても気持ちを抑えるのに苦労した人にとって，感情は勉強を妨害する有害なものです。

その一方で，「この学校に入りたい」「これを学びたい」という気持ちで勉強をがんばった人がいたとしたら，その感情は勉強の動機づけとなる有用なものです。大事な会議や手術をするときには，感情にとらわれない方が正確で冷静で論理的な判断ができそうですが，「このプロジェクトを成功させたい」「この患者さんを元気にしたい」という気持ち（感情）がなければ，最後までがんばれないようにも思います。

ここで述べたいことは，どちらの説が正しいかではなく，このような議論が長い間なされているほど感情は複雑なものであり，人を理解する上で欠くことのできない，人間という存在の中核をなすものだということです。それゆえプレゼンでは，いかに感情を活用するかということが重要なポイントになります。ときには感情を抑え，ときには上手に出すことで，みなさんのプレゼンはより効果的なものになるはずです。

04-03 感情を抑えた方が／抑えない方がよい場面

それでは，どのような場面では感情をしっかり表現した方がよく，どのような場面では抑えたほうがよいのでしょうか。実習を通して考えてみましょう。

【実習 3-1】 ペアになり，感情を抑えた方がよい／抑えない方がよいのはどのような場面かを話します。

【実習 3-2】 ペアで話したことを，全体に向けて話します。

「冷静に事実を伝えなくてはいけない場面では感情を抑えた方がよい」「自分の気持ちをそのまま伝える場面では表現した方がよい」あるいは「できるだけ自然な方がよい」など，さまざまな場面が挙がったことと思います。

また，第2章のPREP法で考えると，「自分は……が好きだ」といった結論・主張の部分はしっかり感情を出した方が相手に届きやすいですが，「なぜ好きなのか」という理由の部分は感情を差し挟まずに説明した方がよいかもしれません。このように探っていくと，一つの話の中にも感情を抑えた方がよい／抑えない方がよい場合もありそうです。どのようなときには感情を込めて届け，どのようなときにはあえて感情を抑えて話した方がよいのか，場面を考慮し，可能であれば無理なくバランスをとって伝えていくことが大切です。

04-04 感情をうまく伝えている人／作品

それでは，感情を上手に相手に伝えている人，あるいはTV番組，CMなどの作品にはどのようなものがあるでしょうか。

【実習4-1】各自【実習シート2】（☞p.77）に記入します。1）に，人にうまく感情を伝えている，あるいは自分に感情がすんなり伝わってきた人／作品を二人／二つあげ，2）にその具体的な場面を書きます。3）には，その人や作品が伝える上でどんな工夫をしていたか，また聞き手としてどんな感情が生じたのかを書きます。

【実習4-2】グループを作り，一人ずつ，シートに書いた二つの例についてプレゼンをします。

- 今回はわかりやすさよりも，「この人のこんなところがうまいと感じた」という自分の感情をしっかりと相手に届けることを意識してプレゼンをしてください。また聞いている人も，「こんな感情で話をしているな」と，話す人の感情を認知する意識で聞いてみてください。

【実習4-3】グループに話したことを，全体に向けて話します。

感情が伝わった理由には，どんな言葉や表現を使ったかという言語だけでなく，表情やジェスチャー，ちょっとした目の動きなどの非言語もあげられたのではないかと思います。そういう何気ない，多くの場合無意識に行う非言語が，じつは相手の感情を大きく揺さぶることがあります。また，個人対個人のコミュニケーションの場合，相手から感情が伝わってきたのは，その前に自分が相手に感情を届けていて，それに相手が動かされて感情を伝え返してきたということも考えられます。感情を伝えるためには，その素地として，正直な気持ちのやり取りができる関係性が二人の間に作られていることも大切なのかもしれません。

この実習では，自分の感情を認知した上でプレゼンをしました。いつものプレゼンと比べて，何か違いはあったでしょうか。プレゼンでは確かにわかりやすさや論理性は大切ですが，それに感情が関係してくることによって，心を揺さぶるプレゼンになっていきます。まずは自分のなかにある，「このとき腹が立った」「悲しかった」「喜んだ」という感情，そして相手がもっていたであろう感情を認知することが重要です。

2）https://commons.wikimedia.org/wiki/File:3.5-month-old_baby_laughing.jpg（CC BY-SA 3.0）（Author Maurajbo）

3）https://commons.wikimedia.org/wiki/File:Crying_newborn.jpg（CC BY-SA 2.0）

04-05 感情を表現する

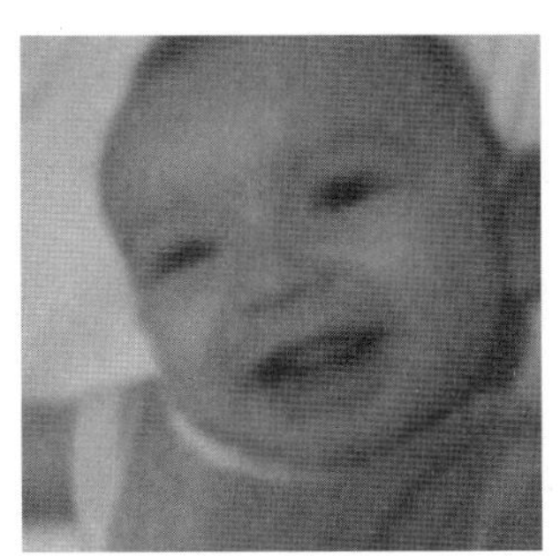

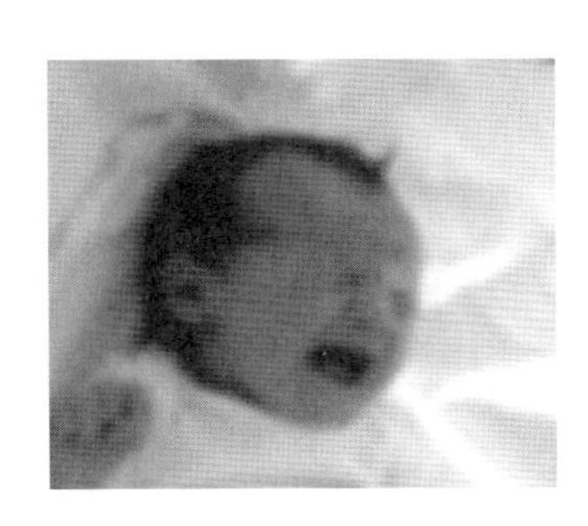

本章の二つ目のテーマは感情表現です。感情表現の天才といえば，赤ちゃんですよね。写真を見ただけで，ご機嫌だ，すごくいやだという感情がストレートに伝わってきます[2), 3)]。また見た人に，ほほ笑ましい，かわいそうに，などの感情を起こさせます。

では私たちは，どのくらい自分の感情を表現できているでしょうか。子どもの頃は簡単にできていたことなのに，大人になるにつれて難しくなったという人は，多いのではないかと思います。そこには，感情を表に出すのは恥ずかしい，大人らしくないという気持ちがあるかもしれません。あるいは，長い間抑えることを習慣としてきたので，出そうとしても出せないという人もいるかもしれません。

先に，感情を抑えない方がよい場面，抑えた方がよい場面について考えました。抑えた方がよい場面をわかっていることは大事ですが，ここでは自分の感情を表現する練習をしてみましょう。その際，特に「声」を意識してみます。

【実習 5-1】ペアになり，お互いに向き合って立ちます。まず，一人の人が「私のことわかりますか」という言葉を，「嬉しい」「悲しい」「怒り」のうち一つの感情をこめて，ペアの相手に３回言います。相手は目を閉じながら集中してそれを聞き，そこにどんな感情が込められていたのかを当てます。終わったら役割を交代して，「どうしてそうなったの」という言葉を，やはり「嬉しい」「悲しい」「怒り」のうち一つの感情をこめて，ペアの相手に３回言い，相手が感情を当てます。

- 声を使うというのは，具体的には，言葉を発するスピードや緩急，声のトーン，間を使って表現するということです。
- 感情を込めるときに，恥ずかしいという気持ちが出てくる人もいると思います。でも恥ずかしがれば，その感情が伝わってしまいます。ここは感情表現のトレーニングの場と考えて，俳優になったつもりで，思い切り感情を込めてください。そうしないと本当の感情は相手に届きません。
- 感情は表情によく表れます。ここでは声だけで感情を伝える練習なので，表情が見えないように，聞く人は必ず目を閉じて聞いてください。

声で感情を伝え合うことができたでしょうか。声の表現が上手になると，プレゼンから単調さが消え，より相手をひきつけられるようになります。

04-06 非言語による表現

聞き手に共感をもたらすプレゼンには，言語以外の情報，すなわち非言語による表現が効果的に使われている場合が多いです。つまり，非言語をいかに意識して表現するかが，プレゼンで相手に自分の感情を効果的に伝えるコツになります。

【実習 6-1】グループになり，一人ずつプレゼンをします。テーマは，これまでで印象に残っている旅行，もしくはこれから行きたい旅行先です。その際に実習シートにある視覚情報と聴覚情報の中から一つずつ選択し，どの非言語を意識して伝えるかを，事前に聞き手に宣言します。

視覚情報	表情，視線，ジェスチャー，姿勢など
聴覚情報	声の強弱，スピード，間，高さ・低さ，方向など

【実習 6-2】全員のプレゼンが終了したら，発表者として気づいたこと，聞き手として気づいたことを【実習シート 3】（☞ p.79）に記入します（各項目二つ以上）。

【実習 6-3】6-2 で記入したことをグループで共有します。

発表者としてはもちろんのこと，聞き手として何に気づいたか，どう感じたかを伝え合うことはとても大切です。それは自分が意識した非言語が，

①相手に伝わった
②相手に伝わらなかった
③どうすれば相手に伝わるのか

を知るきっかけにもなるからです。また，非言語を意識することで，逆に難しくなったという人もいるかもしれません。今まで意識しなかったことをあえて意識するとどうなるのか。その小さな繰り返しがプレゼンの大きな変化にもつながるのです。

04-07 感情をまじえた初めての＊＊＊＊

本章の最後のプレゼンです。テーマは，第1回と同じ「初めての＊＊＊＊」です。同じテーマですが，今回は感情を抑えずに伝えていきます。

【実習 7-1】各自【実習シート 4】（☞ p.81）の 1）～ 3）に記入します。第 1 章の実習 4-1（☞ p.6）で書いた体験と同じものでも違うものでも結構です。ただしこれを書くときに，そのときの体験をしっかりと自分の中にイメージしてください。その際にそばにいた人の声や周りの音，気温，風の冷たさ，匂い，座っていたイスの感触など，五感で感じたものを思い出すと，体験が具体的なイメージとしてよみがえり，そのときに自分が抱いた感情も表現しやすくなります。

【実習 7-2】グループを作り，一人ずつプレゼンをします。プレゼンをする人一人だけが立ち，ほかの人はその人を囲むようにして座って行います。一人のプレゼンが終わったら，聞いた人は【実習シート 4】の 4）に記入します。今回の目標である感情について，どんな感情が話した人から伝わってきたのか，何によって伝わったのかなどを書いてください。

- グループの人にしっかりと感情を伝えてください。また聞く側もしっかりと相手の感情を受け取ってください。
- その際，先に行った声のトレーニングを思い出し，声を届けていくことを意識しましょう。
- 感情を伝えようとする際にシートを見ていると，伝わりにくくなります。忘れてしまったら見てもよいですが，シートを机の上に置いて，できるだけ見ないでプレゼンをしてみましょう。

【実習 7-3】全員のプレゼンが終わったら，お互いに 4）に書いたこと，どんなところで感情が動いたのか，何が効果的だったのかを伝えましょう。

- これも感情を伝えるためのプレゼンです。自分に起こった感情をしっかり伝えましょう。

いかがでしたか。同じ「初めての＊＊＊＊」というテーマで話しても，感情を伝えることを意識している場合としない場合とでは，大きく違っていたのではないでしょうか。プレゼンで事実を正確に伝えることは重要ですし，それが求められる場面は多くあります。しかし，聞く人の心を動かす，揺さぶるようなプレゼンをする場合には，まず話す人自身が自分の中にある感情，伝えたい感情を認知し，それを言語だけでなく非言語も含めて表現することが大切です。それによってみなさんのプレゼンはさらに聞く人を動かすものになると思います。

【第４章のまとめ】

▶私たちには日々，さまざまな感情が生じているが，それらに無自覚であるケースも多い。まずは感情を認知することが，効果的な感情表現の土台となる。
▶プレゼンでは感情を出す場面，抑える場面を使い分けると聞き手に届きやすい。使い分ける際には，話し手の意図や聞き手の感情の動きを認知することが大切である。
▶五感を使って体験を思い出すと，そこから自分の感情を呼び起こすことができる。呼び起こされた感情が実際に近いものであればあるほど，臨場感のあるプレゼンにつながる。
▶非言語はときに言語以上のメッセージを届けることができる。非言語に感情を乗せることで，聞き手に共感が生まれやすくなる。

04-08 心を動かすプレゼンをさらに知るために

ここで改めて，「聞き手」としてプレゼンを考えてみましょう。あなたが聞き手として心が動いたのはどんなときでしょうか。気持ちが理解できた，境遇が自分と似ていた，尊敬する人の話だったなど，さまざまな場面が思い浮かぶかもしれません。ここでは，心を動かすプレゼンの工夫を三つ，取り上げます。

①聞き手の体験につなげる
人は，自身の体験を重ねることで心が動きやすくなります。「あるある」話は共感を創るきっかけとして有効です。「現場でこんなことありませんか？」と問いかけられたときに「先日あった！」と実体験につながると，そのときの感情も伴って心が動き始めます。話し手が聞き手に合わせた「あるある」話をすることで，共感が得られるプレゼンにつながります。
②話し手の体験を話す
話し手自身の体験というのは，本人だけのものです。成功談だけではなく話し手の失敗談を聞いてより親近感をもった，という経験をもつ人も多いのではないでしょうか。誰が何を話すかに，人は無意識に左右されています。どういう体験をしてきたのか，当時の感情や

困難だったことなども含めて伝えることで，話し手と聞き手の距離がグッと近くなります。
③問いかける
「多くの職場で情報共有が希薄です」と先に意見や結論を伝えるよりも，「情報共有は十分にできていますか？」と問いかけられた方が，自分のこととして考えられ興味を引きます。話がさらりと流れるような「あたりまえ」の中にこそ，新しい発見が眠っていることもあります。そんなときには「問いかけ」をうまく使い，聞き手に「自分のこと」として聞いてもらう工夫をしましょう。

伝え方の工夫は，上記の三つだけではありません。身近なプレゼンを観察して，心を動かすような工夫を自分のものにしていきましょう。

05 感情をまじえたプレゼン②
ストーリーで伝える

☞ねらい
- ●ストーリーの五つの要素を理解する。
- ●自らの経験を語る。
- ● ストーリーを効果的にアレンジする。

05-01 好きだった映画

第4章では，感情をまじえたプレゼンのために，感情認知および感情表現のトレーニングをしました。第5章では，人の感情を動かすプレゼンの一つとして，ストーリーで伝える方法を練習します。まずはその準備のために，好きだった映画について話してみましょう。

【実習 1-1】ペアになり，一人ずつ好きだった映画について話します。どんなところが好きだったのか，どこに心が動かされたのかなどを思い起こし，その魅力を伝えてみましょう（できるだけストーリーのある映画をイメージしてください）。

●第4章の感情表現を思い出して，相手の話を聞くときには言葉だけでなく声・間・身振り手振りなどにも目を向けましょう。そして，どういう話し方をすれば感情を効果的に伝えられるのか，考えてみてください。

05-02 ストーリー

表 5-1　ストーリーに必要な五つの要素

きっかけ	（スタート）
目的	（ゴール）
課題	（困難）
変化	（成長）
タイトル	（意味づけ）

ひきつけられるストーリーには共通点がある

さまざまな映画が挙がったと思いますが，じつはその多くにある共通点が存在するはずです。そして，その共通点を知ってプレゼンに生かすことで，それらの映画がみなさんをひきつけたように，人の心を動かすプレゼンに近づけることができます（もちろん例外もあることでしょう）。

その共通点とは，ストーリーの中に五つの要素が組み込まれていることです。まず「きっかけ」です。どの映画も何らかのきっかけがあって物語が始まります。そして始まりがあればゴール（「目的」）があります。ただしそのゴールに向かう途中，主人公にはさまざまな「困難や課題」が待ち受けています。順風満帆にはいかない主人公の姿に，見ている私たちは感情移入したり，「がんばれ」「うわ，きついな」などの気持ちが沸き起こります。そして，その困難を乗り越えようとする中で，主人公には「成長・変化」が起こります。

最後は自分にとっての「タイトル」です。実際の映画のタイトルはインパクトのあるものになりやすいですが，もし私たちが自分の物語に自分自身でタイトルをつけるとすれば，どうでしょうか。この体験は自分にとってこういう意味があった，つまり「自分の体験を意味づけ」したタイトルになると思います。

例として「シンデレラ」を思い出してみましょう。物語はお城からの舞踏会のお誘いによって動き出します（「きっかけ」）。それを知ったシンデレラは，「舞踏会に行ってみたい」と切望します（「目的」）。シンデレラはその目的に向かって，いじわるな継母に邪魔をされたり，舞踏会に行っても12時を過ぎたら元の姿に戻ってしまうなどの困難にあいつつも，魔法使いの力を借りながらさまざまな「課題」を乗り越えていきます。そして最後には，王子さまと結婚するという「変化」が起こります。実際の映画のタイトルは「シンデレラ」ですが，この物語を以上のようにとらえると，「逆境を乗り越えて幸せをつかんだシンデレラ」のようになるでしょう。しかし，もしタイトルが「継母にいじめられるかわいそうなシンデレラ」だったらどうでしょうか。そのタイトルにそって「かわいそうなシンデレラ」に焦点があたる結果，全く違う物語になるはずです。このように，「タイトル」にはその物語の方向性を左右するだけの影響力があります。みなさん自身の物語も，そこにどんなタイトルをつけるか（意味づけをするか）によって別の物語になり，伝え方も変わっていきます。

05-03 ストーリーの要素を探す

それでは，実習 1-1 であげた映画のストーリーを，五つの要素という視点から分析してみましょう。

【実習 3-1】各自【実習シート 1】(☞ p.83) に記入します。まず好きな映画のタイトルを書き，その映画のどの部分が「きっかけ」「目的」「課題」「変化」に当てはまるのかを考え，書き込みます。正解／不正解はないので，「自分にはこう見える」という視点で書いてください。

【実習 3-2】ペアになり，お互いの好きな映画についてプレゼンしましょう。

- ただ書いたものを読むのではなく，「自分はこんなところにひかれた，感動した」など，自分の感情をしっかりと込めて相手に届けることを意識して話しましょう。

映画のストーリーから五つの要素を抽出し，伝え合いました。同じ映画でも各要素で抽出した部分が異なる場合もあったのではないでしょうか。人によって映画の見方はさまざまです。「そんな見方もできるんだ」という新しい視点に出会えたかもしれません。

みなさんの中には，好きな映画を要素に分解して伝えることに，堅苦しさややりにくさを感じた方がいたかもしれません。しかし PREP 法と同様，一つの方法，型として理解して身につければ，あとは自分なりにアレンジすることができます。ここではストーリーを要素ごとに分析するトレーニングをしました。

05-04 ストーリーと PREP 法

ところで，ストーリーと PREP 法はどこが違うのでしょうか。どんなときにどちらを使えばよいのでしょうか。比較してみると表 5-2 のようになります。

表 5-2 PREP 法とストーリー

	PREP 法	ストーリー
メリット	シンプルに要点を伝えることができる	聞き手の心を動かすことができる
主な用途／場面	●ショートプレゼンテーション ●ビジネス	●対　話 ●スピーチ ●講　演
意　図	納　得	共　感

PREP 法は，第 2 章でも述べたように，短い時間でわかりやすく情報を伝えるときに効果的です。一方，ストーリーは，聞き手の心を動かしたり共感を起こすことに効果があります。みなさんがスピーチや講演を聞く場合，知りたいのは正しい知識や新しい情報というより（それらは Google 検索したらすぐに見られますし），「話し手がどういった体験をして，そこでどんな想いをもったか」「困難をどう乗り越えてどう変化したか」といったことではないでしょうか。そのような，「その人にしか聞けない話」が聞けたとき，相手に興味がわき，もっと聞きたいという気持ちになるのだと思います。つまり，相手の心に届くプレゼンには，「自分自身の体験を語る」ことが重要なのです。ただし，体験を語っても，話し方が理路整然としていたら，聞き手にとってはわかりやすいけれど，どこか心に届かないように感じることがあります。体験に気持ちを乗せて届けるには，そのための話し方が必要です。その効果的な方法の一つがストーリーです。医療現場でいえば，緊急性が高い場合は PREP 法でしっかりと届け，患者さんとゆっくり語り合いながら伝えていく，あるいは相手に語ってもらう場合には，ストーリーが適しているといえます。

05-05 自分の経験を語る

以上のことは，言葉で説明されるより，実際にストーリーを用いて話したり人のストーリーを聞いたりする中で実感できるものです。次の実習をしましょう。

【実習 5-1】各自【実習シート 2】（☞ p.85）に記入します。これまでの体験を振り返り，うまくいったこと，努力したこと，悔しかったことなど，どれか一つを思い浮かべてチェックマークをつけます（複数でも結構です）。そしてそれがどんな体験だったのか，その体験がどのように今の自分に影響しているのかを書いてください。

- がっかりしたこと，悔しかったことでも結構です。聞き手が求めるのは成功体験ばかりではないはずです。何に失敗し，どのように立ち直ることができたのかについても，聞きたい人は多いのではないでしょうか。うまくいかなかった体験も，その人にとっては大切な体験です。振り返ってみて，話せることであれば伝えてみてください。

【実習 5-2】グループになり，一人ずつ自分の体験を語ります。実習シート 2（☞ p.85）に書く意図は，体験を思い出すヒントにするためです。書いたことを読むのではなく，体験を振り返った今の気持ちをそのままプレゼンしてください。

- きれいに，あるいはうまく話そうとするのではなく，自分の経験と気持ちをそのまま語ることを意識してください。
- 聞いている人は，その姿を見聞きすることで，「話し手に対する気持ちや感情がどのように動くのか」「どんな部分から何を感じ取ったか」に意識を向けて聞いてください。

話したとき，今までの実習（リンゴを売る，初めての＊＊＊＊など）とは違った話し方になったでしょうか。また聞くときは，情報だけでなく話し手の想いが伝わってきたでしょうか。そのような感覚，感情の部分は，実習によってしか感じ取れないものです。プレゼンの教科書や参考書に，「感情を込めることが大事です」と書いてあっても，それがどれだけ影響を与えるのかは，体験なくしては実感できません。人の体験を聞く中でよく感じるのは，その人の新たな魅力の発見であったり，距離が近くなる感覚です。スポーツの試合後の選手へのインタビューを聞くと，理路整然というよりも，黙ったり言葉に詰まったりしながら話していますが，その選手の言葉にならない感覚や感情が伝わってくることがあります。それがストーリーを語るということです。わかりやすさも大切ですが，人の気持ちに訴えかけてくるような伝え方もできたら，素敵なのではないでしょうか。

05-06　ストーリーを作る

ここからさらに進んで，自分自身の体験をストーリーの型に当てはめてプレゼンをしていきます。その前に大事なことが二つあります。まず，辛かった体験や「困難」の要素を振り返るときに，「あれは辛い体験だった」で終わってしまう人がいます。しかしそこにとどまらずに，ほかの要素に思いをはせてほしいのです。自分が辛い気持ちでいるときや，周りの人が辛い体験を語ってくれたときに，「それを通して乗り越えたことは何か」「そもそも始めたきっかけは何か」「何の目的でこの苦しいことを乗り越えようとしたのか」と，一つひとつの要素を自分自身に問い掛け，あるいは相手に質問することで視野が広がります。その結果，その体験のもつ意味も変わってくるのではないかと思います。

もう一つはタイトル，意味づけのもつ力です。辛かった出来事を「辛い体験」として抱え込むのか「辛かったけれど乗り越えられた経験」と意味づけするのか。シンデレラの物語の箇所でも述べましたが，意味づけを変えると体験そのものが変わっていきます。その変化はとても大きなものです。「自分はこれまで体験をどう意味づけてきたのか」そして「これからどう意味づけすると自分の肯定的な変化や成長につながるのか」を考えてみてください。意味づけをするのはその人自身です。

【実習 6-1】各自【実習シート 3】（☞ p.87）に記入します。子どものころの習い事や部活動，あるいはそれ以外の趣味などでも結構です。その体験をストーリーという要素で再構築します。

- この実習では型を意識することに加えて，人の体験から学ぶことを頭において話し，また聞きましょう。この場所でその人からしか聞けない話，味わえない感情があります。それを大事にしながらお互いに伝え合ってください。

【実習 6-2】グループになり，一人ずつプレゼンをします。終わったら，聞いていた人は【実習シート 4】（☞ p.89）の評価表に記入します。よかった点，さらに工夫できる点についても書きます。

- PREP 法は四つの要素を順番に話していきますが，ストーリーの場合は五つの要素の順番をそのまま話しても，組み変えて話しても自由です。例えばタイトルとして「私のこの体験は一言で言うと＊＊＊＊です」から入っても，「私はこんなひどい体験があったんです」という困難から話しても，「部活で全国 1 位を目指していました」と目的から話しても結構です。
- プリントを置いて自分が書いたことを思い浮かべて話をしましょう。ちらっと見る程度はかまいませんが，いったん置きましょう。
- 評価表の全部にチェックを入れるなど，適当なチェックはやめましょう。評価の目的は，人のできているところとそうでないところをきちんと見極られる力を身につけ，プレゼンの上達に役立てることです。そのためには評価についての慣れやトレーニングが必要なので，しっかりと評価してください。

【実習 6-3】お互いに評価したことを伝え合います（フィードバック：詳しくは第 7 章をご参照のこと）。

- フィードバックを伝えることもプレゼンのトレーニングです。「何となくよかった」ではなく，具体的にどういう部分がよかったのかを伝えます。

自分の感情を，言葉や非言語のメッセージもまじえながら，ストーリーという手法で伝えるトレーニングをしました。その人からしか聞けない物語が聞けたことと思います。このストーリーの考え方は，プレゼンのためだけでなく，自分の体験を振り返る場面や人と関わる際にも役立ちます。ぜひ日常生活で活用してみてください。

【第5章のまとめ】

▶人をひきつけるストーリーには共通点がある。五つの要素をプレゼンに組み込むことで，聞き手の感情を動かすことができる。
▶自らの経験に勝るストーリーはない。経験をオープンに語ることが，聞き手の共感につながる。
▶経験をどのように意味づけるかによって，ストーリーは大きく変化する。言い換えれば，意味づけ次第で，一つの事実から異なるプレゼンが生まれうる。
▶ストーリーの型は自由にアレンジできる。場面に応じて各要素を組み合わせることで，多彩なプレゼンが可能となる。

05-07　ストーリーの源についてさらに知りたい方のために

本章で扱った「ストーリー」の構造は，アメリカの神話学者のジョーゼフ・キャンベルの神話論が起源になっています。各地の神話を研究したキャンベルは，数多くの英雄の物語に共通する要素をひも解いています。キャンベルによると「英雄とは，困難なものに人生を賭けて挑戦し，それを成し遂げる者」であり，その行動の典型的なパターンとして「英雄は旅立ち，成し遂げ，生還する」とあります。これを構造化し，共通する三つのフェーズと，それぞれに付随する17のサブフェーズにまとめたものが，ヒーローズ・ジャーニーです[1)]。これはその後，さまざまな人の手を経てよりシンプルな形へと生まれ変わっています。ここでは，脚本家であるC・ボグラー，D・マッケナによってまとめられたヒーローズ・ジャーニーを紹介しましょう[2)]。

基本的な構造は『スパイダーマン』『千と千尋の神隠し』『ハリー・ポッター』『マトリックス』など，さまざまな映画にも取り入れられています。特にジョージ・ルーカスがキャンベルの神話論に感銘を受けて，ヒーローズ・ジャーニーにそって「スター・ウォーズ」シリーズを作ったことは有名です。

ヒーローズ・ジャーニーを知ることは，単にストーリーメイキングに役立つだけではあり

表 5-3　ヒーローズ・ジャーニーの分類

1. 日常世界	2. 冒険への誘い
3. 冒険の拒否	4. 賢者との出会い
5. 戸口の通過	6. 試練，仲間，敵
7. 最も危険な場所への接近	8. 最大の試練
9. 報酬	10. 帰路
11. 復活	12. 宝を持っての帰還

ません。キャンベルも神話論についてこのように語っています。「私たちはこの冒険をひとりで冒す必要はない。今までの英雄たちが，私たちの先へ行ってくれているからだ。迷宮の道順はすでに解き明かされている」[3)]。つまり神話論は，自分の人生やプロジェクトへ応用して考えることができます。困難が起こっても，「これは「最大の試練」だ。これを越えると「報酬」に手が届くぞ」と考えることで，乗り越える力になります。私たちは日々，大なり小なりのヒーローズ・ジャーニーを生きているのです。

1）キャンベル, J.（2015）.『千の顔をもつ英雄（新訳版）上・下』早川書房
2）ボグラー，C.・マッケナ, D.（2013）『物語の法則――強い物語とキャラを作れるハリウッド式創作術』アスキー・メディアワークス
3）キャンベル, J.・モイヤーズ, B.（2010）.『神話の力』早川書房

06 信頼を築くプレゼン

☞ねらい
- ●聞き手の立場を意識する。
- ●伝わるプレゼンについての理解を深める。
- ●大切にしている価値観を表現する。

図 6-1 プレゼンの三つの重要な要素

第２章，第３章では論理的に伝えるプレゼンを，そして第４章，第５章では感情をまじえたプレゼンをトレーニングしました。いずれも重要ですが，これらの根底にはさらに大切なものとして，その人の「在り方」があります。どんなに納得できる，共感できる伝え方をしたとしても，伝える人自身の人柄は重要です。例えば部活の先輩や上司に同じことを言われても，「この人の話は心に入ってくる」と思う一方で，「この人に言われると腹が立つ」と感じることはありませんか。これが話す人の在り方です。しかしながら，ここでいう在り方は抽象的であり，人のさまざまな経験や経緯を含む複雑なものなので，具体的な定義をすることは困難だといえます。そこで本章では，人の在り方に関係する，話し手と聞き手の価値観や信頼されるプレゼンについて，理解と実践を深めていきます。

06-01 聞き手の立場になる

本書でいう「自分の知識や体験を相手にプレゼントする」といった意味でのプレゼンの機会は，日常生活のいたるところにありますし，これまでの実習でも，身近な場面を題材にして多くのプレゼンを行いました。ここまででみなさんの「伝える」チカラは，かなり上達したのではないかと思います。一方，自分が伝えたいことが，相手にうまく伝わらなかったという感覚をもった人もいるかもしれません。しかし，この感覚に気づくことはとても重要です。なぜなら「伝える＝伝わる」ではないからです。どれだけわかりやすく話しても，どれだけ情熱を込めて伝えても，聞き手が望んでいることでなければ，効果的なプレゼンにはなりません。話し手の立場をいったん脇に置いて，「この人が聞きたいことは何だろう」「どんな伝え方をするとこの人たちに届くだろう」と，聞き手の立場になってプレゼンを構築することが大切です。

【実習 1-1】【実習シート 1-1】（☞ p.91）もしくは【実習シート 1-2】（☞ p.93）に書かれた状況をイメージし，聞き手（患者・顧客）の立場からシートに記入します。

- 記入は望ましい話し手，望ましくない話し手のどちらから進めてもかまいません。その際に理由も具体的に記入してください。

【実習 1-2】グループを作り，一人ずつプレゼンをします。

- 説明や分析といった第三者の立場ではなく，聞き手の立場からのプレゼンをしていきましょう。
- 過去のエピソードをふまえ感情をまじえながら伝えると，より臨場感が伝わります。

聞き手の立場と話し手の立場の違いは何でしょうか。また，グループの中でも異なる考え方や感じ方があったはずです。完全に聞き手の立場になることは不可能ですが，聞き手の情報を事前に知ることや聞き手の置かれたシチュエーションを想定することで，「伝わる」プレゼンにより近づけていくことができます。

06-02 価値観を理解する

伝える人の「在り方」には，その人の「価値観」が大きく影響します。ある物事に対する考え方や感情が人それぞれで違うのも，この価値観が異なるからだといえます。ここで有名なトロッコ問題を例に考えてみましょう。

問い：制御の効かなくなったトロッコの前方に五人の作業員がいます。このままでは五人はひかれてしまいますが，あなたは線路の分岐点にいてトロッコの進路を変更することができます。しかし変更すると，その先には一人の作業員がいます。あなたならどうしますか？

	あなたの判断	他の視点があるとしたら？
取るべき行動	A	C
その理由	B	D

考えてみてどうだったでしょうか。A 欄は比較的容易に記入できたかもしれませんが，B 欄になると少し時間がかかった人もいるでしょう。あるいはB 欄に容易に記入できた人でも，さらに「なぜその理由なのか？」と掘り下げると，また違った言葉や感情が出てくるかもしれません。なぜならばB 欄にはその人の価値観が影響してくるからです。そしてC・D 欄で他の視点を考えることも，みなさんの思考や感情のトレーニングになったのではないでしょうか。このC・D 欄を考えることが，プレゼンにおける聞き手の立場になることや，聞き手の価値観を理解することにつながっているのです。

「仕事をきちんとやる」と一言でいっても，スピードを重視する人とていねいな仕事を大切にしている人とでは，仕事のやり方は大きく異なります。その違いから，ときには「あなたは仕事をきちんとしていない」と対立することもあるでしょう。しかし，相手の「スピード」「ていねいさ」という価値観をお互いに理解できれば，相手に対する感情や働きかけも変わってくるのではないでしょうか。価値観に正解や間違いはありません。あるのは自分や相手がそれぞれの価値観をもっているという事実です。

プレゼンの際に，以下のことを意識すれば，より柔軟にアレンジができます。

①自分の価値観がプレゼンに大きく影響していることを理解する
②聞き手の価値観を理解して，プレゼンの意図や構成に反映する

06-03 信頼について

アリストテレスは，「論者の人柄」が説得を行う際にきわめて重要であると説いています。人柄は他者を通じて認識されるものですし，これが本章で説明した「在り方」の意味とも重なります。「何を伝えるか？」「どう伝えるか？」は，知識や技術で身につけることができますが，それ以上に「誰が伝えるか？」が，聞き手に大きな影響を及ぼすのです。

では，「在り方」とは何でしょうか。在り方とは抽象的な概念であり，人の根源的な部分にもつながるものですので，具体的な定義は困難です。しかし，ことプレゼンにおいては，話し手が聞き手から「どれだけ信頼されているか」が，その人の在り方とも関係しているように思います。「信頼」は，私たちにとって理解しやすい言葉ではありますが，じつは人それぞれでその意味が異なります。そこで，実習を通して「信頼」についてあらためて掘り下げていきましょう。

【実習 3-1】各自【実習シート 2】（☞ p.95）の 1），2）まで記入します。1）では選択肢の中から三つを選び，2）では信頼を一言で表す言葉を記入します。

【実習 3-2】グループを作り，1），2）について話し合います。

- 伝える際は，「他者からどう思われるだろう？」ということを脇において伝えます。
- 他者との違いに意識を向けます。他者からの言葉で，自分でも納得・共感するものがあったらメモを取るのもよいでしょう。

【実習 3-3】各自【実習シート 2】の 3）～ 5）について記入します。

- 信頼を得た体験が思いつかない場合には，「誰かを信頼した」体験に置き換えて記入してください。

【実習 3-4】実習 3-2 と同じグループで，3）～ 5）について話し合います。

06-04 価値観を表現する

本章の最後のテーマは，「自分の人生に影響を与えた人，もしくは出来事」です。みなさんのこれまでの人生を振り返りながら，ていねいに言葉にしていきましょう。

【実習 4-1】【実習シート 3】（☞ p.97）の 1)，2) に記入します。

- 出来事はさほど大きくなくてもかまいません。過去の人との出会いや，自分にとって何かが変わるきっかけとなった出来事を振り返りましょう。
- 当時の場面をイメージしたり，人からの言葉を思い出したりと，五感の記憶を思い起こしながら具体的に記入していきます。
- 意図や価値観を意識するとプレゼンの構成にどのような変化が生じるかにも，意識を向けます。

【実習 4-2】記入したシートをもとに，グループで一人ずつプレゼンを行います。

- シートはなるべく見ずに，感情や非言語もまじえながら表現します。
- 聞き手の表情や仕草を観察することも意識しましょう。さりげない表情や仕草の変化が，じつは聞き手の心が動かされた瞬間であることは多くあります。
- 当時は気づかなかったことも，今だから気づけることがあるはずです。第 5 章のストーリーの型も取り入れながら，その体験に意味づけをしていきましょう。
- お互いに大切なことを伝え合う場でもあります。聞き手は話し手を尊重する姿勢で関わってください。

【実習 4-3】聞いていた人は【実習シート 4】（☞ p.99）の評価表に，よかった点，さらに工夫できる点について記入します。

- 【実習シート 5】（☞ p.101）の評価ポイントを参考にしながら，できるだけ具体的に評価表に記入していきます。

上記，実習 4-2 と実習 4-3 をグループ全員が伝えるまで繰り返します。

【実習 4-4】ペアになり，お互いのプレゼンについてフィードバックを行います。

これまでに，自分の価値観を意識しながらプレゼンをする機会は，おそらくなかったのではないでしょうか。実習前は「テーマが重い」と思う方もいたかもしれませんが，実習をしてみると，「意外と話せたな」という学生の声をよく耳にします。それはおそらく体験を思い出した時点で，その人の価値観にふれているからだと思います。大切にしている価値観にふれたとき，人は心を開きます。そして心を開いて伝えるからこそ，聞き手の心に伝わります。中には「恥ずかしい」「格好悪いんじゃないか」といった思考や感情が生じた人がいるかもしれません。ただ，そのような人も他の人のプレゼンテーションを聞いて何かを感じたのではないでしょうか。もし誰かの何かの表現に心が動いたのだとしたら，それはあなたの価値観にふれているということです。

在り方と同様，価値観にも明確な答えがあるわけではありません。言い換えれば人生をかけて探求していくものだと思います。これからも人に伝えていくときに，「今，自分はどんな価値観を大切にしているのだろう？」と振り返りながら，聞き手に伝わるプレゼンをぜひ実践していってください。

【第 6 章のまとめ】

▶同じことを伝えられているのに，納得・共感できる人とそうでない人がいる。その違いは，話し手がどれだけ信頼されるかによるところが大きい。
▶プレゼンが効果的かどうかは，聞き手に委ねられている。聞き手の立場を意識することで，「伝わる」プレゼンが可能となる。
▶プレゼンにおいては，価値観が大きく影響し，価値観は人それぞれである。自分と聞き手の価値観を理解することで，より柔軟にプレゼンをアレンジすることができる。
▶まずは自分の大切にしている価値観を表現してみよう。そして聞き手にどんな影響があったかを振り返ることが，今後の伝え方や在り方の探求につながっていく。

06-05 自分への信頼

スティーブン・M・R・コヴィー氏はその著書『スピード・オブ・トラスト』[1)]の中で信頼には下記の五つのステージがあると主張しています。

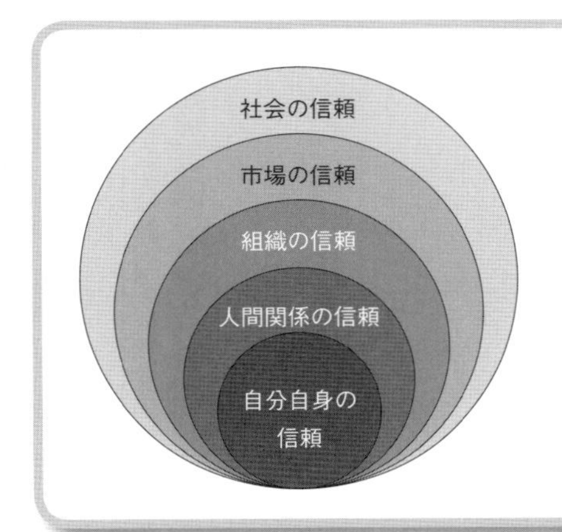

- 社会の信頼
- 市場の信頼
- 組織の信頼
- 人間関係の信頼
- 自分自身の信頼

上位にあるほど信頼の影響力は高まりますが，その根底にあるのが「自分自身の信頼」という所が，この図の大きなポイントです。信頼というと，一般的には他者との関係をイメージしますが，じつは自分自身との信頼関係をどれだけ築けるかで，その影響力の範囲が変わってくるのです。

自分自身の信頼とは，言い換えれば「自分のことをどれだけ信じられるか」「自分自身をどれだけ受け入れられるか」ということだと思います。プレゼンでどれだけ自分のことを語れるかは，この「自分自身の信頼」と密接に関係しています。そして自分のことを語れるからこそ，聞き手は話し手のことを信頼し，プレゼンの影響力もより大きくなっていくのです。

1) コヴィー, M. R. S.・メリル, R. R. (2008).『スピード・オブ・トラスト――「信頼」がスピードを上げ，コストを下げ、組織の影響力を最大化する』キングベアー出版。図は同書352頁を参考にしています。

07 フィードバック

☞ねらい
- プレゼンの観察力を上げる。
- フィードバックの三つのポイントを学ぶ。
- 他者から学び自律的な成長の一助とする。

07-01 身近なフィードバック

フィードバックについては，これまでの章でも少しずつふれてきましたが，プレゼンにとって重要な要素なので，本章であらためて考えてみたいと思います。

「フィードバック」というと何か特別なもののように聞こえますが，じつは日常生活でよく行われていることです。例えば，誰かと食事をしながら「これおいしいね」と言ったとしたら料理に対するフィードバック，10km 走ったことを載せた LINE に友達から「がんばったね！」と送られてきたらがんばって走ったことへのフィードバック，難しい授業を聞きながら心の中で「わからない……」とつぶやくのも，広い意味では授業へのフィードバックといえるでしょう。このように私たちはフィードバックを日々行っています。ここで身近なフィードバックを探してみましょう。

【実習 1-1】 ペアになり，身近にあるフィードバックを探します。レストランの感想，部活やバイトでの声かけなど，どんな場面でどんな言葉を伝えたり，伝えられたりしているでしょうか。探してみましょう。

どんなフィードバックがみつかりましたか。みつけにくかった人も，他の人の例を聞くと思い当たるものがあったかもしれません。このようにフィードバックは，日常で私たちがよくやっている身近なものなのです。

07-02 フィードバックとは何か

　では本書で扱うフィードバックとはどのようなものでしょうか。辞書ではフィードバックについて，「行動や反応をその結果を参考にして修正し，より適切なものにしていくしくみ」（大辞林）と書かれています。これを少しかみくだき，本書で大事にしている「お互いから学び成長する」という視点に立ち，本書ではフィードバックを「人の可能性や成長につながる言葉がけ」という意味で使うことにします。

　それでは，なぜプレゼンにおいてフィードバックが重要なのでしょうか。これまでの実習で体験したと思いますが，「あなたのプレゼンのここがよかった」「こうするとさらに説得力が増すよ」などのフィードバックを受けると，自分のプレゼンの効果的な点，改善点をつかむことができ，上達が早くなります。それだけではなく，フィードバックする側も，後でフィードバックをするという意識で人のプレゼンを聞くことで，真剣に観察しながら聞く結果，観察力が増し，それが自分のプレゼンにも役立ちます。よって，お互いのプレゼンを向上させるために，フィードバックの力を磨くことは大切なのです。

　私たち教員も，授業終了後に，「あのときの説明は少し言葉が足りなかったかな」「ここの実習は効果的だったようだね」とお互いに伝え合い，そのフィードバックを参考にしながら少しでも授業が効果的なものになるようブラッシュアップしています。プレゼンの上達のためには練習を重ねることも大切ですが，それに加えてお互いにフィードバックしあうことが非常に役立ちます。

　なお，これまでの筆者らが行った授業では，プレゼンへのフィードバックとして，次のようなものがみられました。

【よかった点】
- 声がはっきりしていて聞き取りやすかった。
- 主張に根拠がしっかりとつけられていた。
- 身ぶり手ぶりが加えられ，そのときの感情が伝わってきた。
- ストーリーが明確で共感できた。
- 「＊＊＊＊」という意図が伝わり，わかりやすかった。

【工夫できる点】
- もう少し具体的なエピソードが聞きたいと感じた。
- 声の抑揚があるとさらによかった。

もしみなさんがこのようなフィードバックをもらったらどうでしょうか。よかった点は「次もこれでやってみよう」という気になり，工夫できる点は「次は具体的なエピソードを入れてみよう」などと改善の手がかりがみつかるのではないでしょうか。

07-03 フィードバックの三つのポイント

効果的なフィードバックには，三つの重要なポイントがあります。

①具体的に観察したことを伝える
相手がプレゼンで何をしたのか，何を言ったのか，どのように言ったのかなど，観察によってみられたことを具体的に伝える。

例：視線を意識して聞き手に向けていたね。

②主観的な視点を加える（Iメッセージ）
①のことによって自分がどう感じたのか，自分からはこうみえたということを，Iメッセージ（「私（I)」を主語にしたメッセージで，私はこう感じる，こう思う，私にはこうみえるというもの）で伝える。

例：聞いていて自分に語りかけられているように感じたよ。

③これからの可能性を伝える
それが今後どのように活かせるか，その人がやりたいこととどうつながるか。

例：こういう話し方は将来部活の後輩を指導するときに役立つね。

①と②は明確に分けられない場合もあります。例えば「声に感情がこもっていた」というのは，観察してみられたことなのか主観的に感じたことなのかが明白ではありません。①と②を分けることが目的ではないので，「声に感情がこもっていたと感じた」というように，Iメッセージを意識しながら観察したことを伝えると理解してください。
三つのポイントのうち，まず①と②を練習してみましょう。

【実習 3-1】【実習シート 1】（☞ p.103）にそってペアで行います。
①話し手が「現在，自分が関心をもっていること」についてプレゼンをします。
②聞き手はそれを聞きながら観察し，プレゼン終了後，具体的にみられたことを 3）に記入します（どんなキーワードが出てきたか，論理構造はどうなっていたか（PREP 法が使われていたかなど），感情が伝わったか，声の抑揚，調子はどうだったか，目線はどこに向いていたか，どんなジェスチャーが使われていたか，どのような意図で伝えようとしていたかなど）。
③聞き手がその内容を，「私はこう感じました，思いました，とらえました」と，I メッセージを意識しながら話し手に伝えます。終わったら役割を交代して同じことをします。

07-04 フィードバックがうまくいくとき／いかないとき

ところで，フィードバックには三つのポイントのほかに，もう一つ重要なことがあります。それは第 6 章で述べた在り方と関連しますが，話し手の意識です。ときに，「こんな風にやるべきだ」「やらないなんておかしい」などのように押しつけがましいものや，怒りを感じるフィードバックを耳にすることがあります。本人は相手のためを思っているつもりでも，その奥に自分の考えの押しつけや相手への怒り，不満の気持ちがあると，それが相手に伝わります。そして，「そんなのできない」「自分には無理」といったおそれや自己否定，「なんでそんなことを言うのか」といった相手への不信感が生まれ，成長どころかやる気を失ってしまうかもしれません。

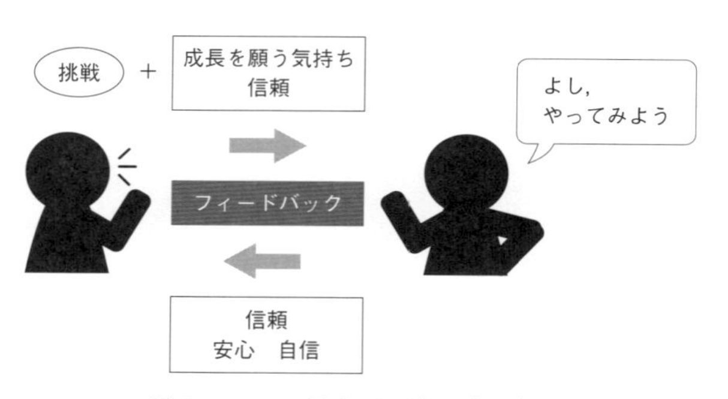

図 7-1　フィードバックがうまくいくとき

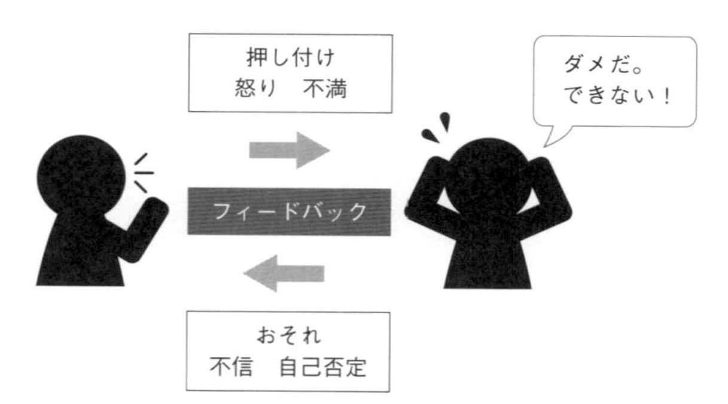

図 7-2　フィードバックがうまくいかないとき

言われた人が「よし，やってみよう！」という気持ちになるのが本来のフィードバックです。相手の成長を願う意識で伝えるからこそ，相手は「伝えてくれた人への信頼感」「あたたかく見守られている安心感」「自分を信じる気持ち」をもてるのではないでしょうか。

フィードバックは身近でよく行われるものですが，うまくいくことばかりではありません。このためフィードバックはする人にとっても挑戦です。相手の成長を願う気持ちや信頼を込めたフィードバックを意識して，さらに練習してみましょう。

【実習 4-1】実習 3-1 と同じペアを組みます。実習 3-1 とは別の「現在，自分が関心をもっていること」をテーマに，新しいプレゼンを行います。進め方は実習 3-1 と同じですが，お互いにフィードバックをするときに，相手の成長を願う気持ちや信頼を意識して伝えてみてください。

実習 3-1 のフィードバックと実習 4-1 のフィードバックでは，どんな違いがありましたか。受けた側の気持ちはどうだったでしょうか。フィードバックには，伝える力と同時に受け取る力が必要です。せっかくよいフィードバックをもらっても，「そんなことないですよ」「まだまだ全然だめですよ」と否定する人がいます。その人はフィードバックを受け取っていません。そこには「ほめられて照れくさい」「尊大な人と思われたくない」あるいは「もっと上を目指しているのでここで慢心してはいけない」と自分を戒める気持ちもあるかもしれません。おごり高ぶるのはよくありませんが，自分のよかったところ，効果的だったところを客観的な事実としてしっかり認識すると，次回もできるようになり，プレゼンはさらに上達していきます。相手のフィードバックというプレゼントに対して，受け取り上手になることが，プレゼン上達の秘訣です。日常生活でフィードバックに対し自分がどんな反応をしているのかも，これからは意識して振り返ってみてください。

07-05　フィードバックによるちがい

もう少し，受け取る側の視点からフィードバックを考えましょう。みなさんはこれまで，この授業だけでなくさまざまなフィードバックを受けてきたと思います。その経験を振り返ってみて，どんなフィードバックが印象に残っている，あるいは受け取りやすかったでしょうか。逆にどんなフィードバックが受け取りづらかったのでしょうか。例えば，部活のプレイについて，「先輩から大勢の部員の前でほめられたときは恥ずかしくて受け取れなかった」「よい記録を出したときにコーチが努力を認めるフィードバックをくれて，見ていてくれたんだと思ったら嬉しかった」など，それぞれ理由があるのではないかと思います。場面や理由とともに，印象に残った／受け取りづらいフィードバックについて考えてみてください。

	印象に残っている（受け取りやすかった）フィードバック	受け取りづらかったフィードバック
どんな場面？		
その理由は？		

【実習 5-1】二人一組になりお互いに伝え合います。

実習をやってみると，自分がどのようなフィードバックを受け取っていたのか，受け取りづらかったのかというパターンに気づいたのではないでしょうか。例えば，「自分が意識して努力していた部分についてフィードバックされると比較的容易に受け入れるのに，意識していない部分を言われると懐疑的になる」「よかった部分を伝えられても受け取れずに，悪かった部分や改善点については印象に残っている」「そもそもフィードバック自体をあまりよく覚えていない」という人もいるかもしれません。

これからの学生生活や社会に出てからも，多くのフィードバックにふれる機会があると思いますが，まずは自分がフィードバックに対してどのように関わっているのかを知ることが大切です。そしてそれを知った上で，フィードバックをどう受け入れ，どう活用できるのかを考えていきましょう。またそれをヒントにして，相手にどう伝えるのかについても再度考えてみるとよいのではないでしょうか。

07-06 ネガティブフィードバック／ポジティブフィードバック

また，フィードバックは内容によって2種類あり，「ネガティブフィードバック」「ポジティブフィードバック」と呼ばれています。ネガティブフィードバックとは，「相手の課題点，改善点を指摘し，相手の成長に貢献しようとするフィードバック」で，ポジティブフィードバックは「長所や強みを伝え，それらを強化する意図で行うフィードバック」です。ネガティブフィードバックを「相手を否定するフィードバック」と誤解する人がいますが，改善点という観点から相手の成長に貢

表 7-1　フィードバックの種類

	ネガティブフィードバック	ポジティブフィードバック
目的	課題点を指摘して，改善行動や視野の切り替えにつなげる	長所を相手に伝え，行動の再現化や強みの伸長につなげる
意図（例）	●批評する，指導する ●意見を伝える ●結果からとらえる ●リスクに着目する ●要因を探す	●承認する ●共感する ●プロセスを重視する ●可能性に着目する ●目的志向

【どちらも大事！】

献しようとするものであり，ポジティブフィードバックとともに重要なフィードバックです。

【実習 6-1】ペアになります。

①一人の人（プレゼン側）が【実習シート2】（☞ p.105）の 1)，2）に記入し，それにそってプレゼンを行います。

②聞いた人（FB 側）はそれを聞きながら，【実習シート 3】（☞ p.107）の 1）の項目について観察し，メモをします。

③プレゼンが終わったら，FB 側は【実習シート 3】の 2）の中から相手にフィードバックする意図を設定し，その意図にそってフィードバックを行います。このときに，実習 3-1 で練習した「具体的に観察したことを I メッセージを意識しながら伝える」ことに加えて，これが相手の今後にどうつながる可能性があるかを伝えます（「フィードバックの三つのポイント」（☞ p.51）の③）。

④それを聴いたプレゼン側は，【実習シート 2】の 3）に，どんなフィードバックが自分に参考になったか，どのように自分に届いたのかを記入し，相手に伝えます。

⑤それを聴いた FB 側の人が，【実習シート 3】の 3）に，自分のフィードバックに対するフィードバックを聞いて気づいたことを書きます。

【実習 6-2】全体で共有します。

日常生活の中で「フィードバックに対するフィードバック」をもらう機会は，非常に少ないと思います。自分が意図したメッセージは相手に伝わっていたでしょうか。あなたは相手のこれからの可能性をイメージしながら伝えることができたでしょうか。実習をしながら，うまくいった／いかなかっただけでなく，相手のプレゼンの特徴がその人の未来にどのような影響をもたらすのかも伝えてみましょう。将来患者やそのご家族と接する場面や，仕事の打ち合わせや会議の中で，相手のよさがどう発揮されるのでしょうか。フィードバックは相手の成長を願い信じて伝えるものです。繰り返し練習をしていきましょう。

07-07 自律的な成長のために

本書を通じて繰り返し実践したように，フィードバックはプレゼン上達のために有効なものです。お互いによりよいフィードバックを伝え合うことで，プレゼンは確実に上達していきます。それだけでなく，フィードバックを通してお互いに学び合い，成長する習慣がつけば，勉強，仕事，仲間とのつき合いなどの場にあっても，自律的な成長を続けることが可能になるでしょう。ぜひ授業以外の日常生活の中でもフィードバックを活かしてください。

【第７章のまとめ】

▶フィードバックは日常的に繰り返し行われている。身近なフィードバックを意識して実践することで，その精度を上げることができる。

▶フィードバックをする前提があると，他者のプレゼンを「聞く」から「観察する」という意識に変わる。観察力を養うことは，結果として自らのプレゼンを向上させることに役立つ。

▶フィードバックを行う際のポイントは，①具体的，②主観的，③可能性，の三つである。そして相手の成長を願う気持ちや信頼が，フィードバックの効果に大きな影響を与える。

▶フィードバックでは，伝える力と同時に受け取る力が必要である。他者からのフィードバックに対して自分がどのような反応をしているかを意識することは，今後のプレゼンの向上やプレゼンを日常に活かしていく上で大切な要素である。

Part Ⅱ
実習シート編

実習シート 1

☞ p.5

学科：＿＿＿＿＿＿　番号：＿＿＿＿＿＿　名前：＿＿＿＿＿＿

1）プレゼンが上手だとあなたが思う人を二人あげてみましょう。

例）友達 A さん，明石家さんま，中居正広，塾の B 先生，部活の顧問　など

①：＿＿＿＿＿＿＿＿＿＿＿＿

②：＿＿＿＿＿＿＿＿＿＿＿＿

2）その理由をできるだけ具体的な場面をあげて書いてみましょう。

①
②

実習シート２

☞ p.6

学科：＿＿＿＿＿＿ 番号：＿＿＿＿＿＿ 名前：＿＿＿＿＿＿

「テーマ：初めての＊＊＊＊」

1）プレゼンをしようと思う体験を設定してみましょう。

体　験：＿＿＿＿＿＿＿＿＿＿＿＿

例）海外旅行，スポーツ，料理　など

2）エピソードやプレゼンの流れを自由に記入してみましょう。

3）プレゼン後，話し手のよかった点を記入してみましょう。

実習シート１

☞ p.10

学科：＿＿＿＿＿＿＿　番号：＿＿＿＿＿＿＿　名前：＿＿＿＿＿＿＿＿

1）以下の空欄を埋めてみましょう。

【主張】社会人にとってプレゼンする力は必要だ

なぜそうなの？

根拠①

根拠②

根拠③

2）以下の空欄を埋めてみましょう。

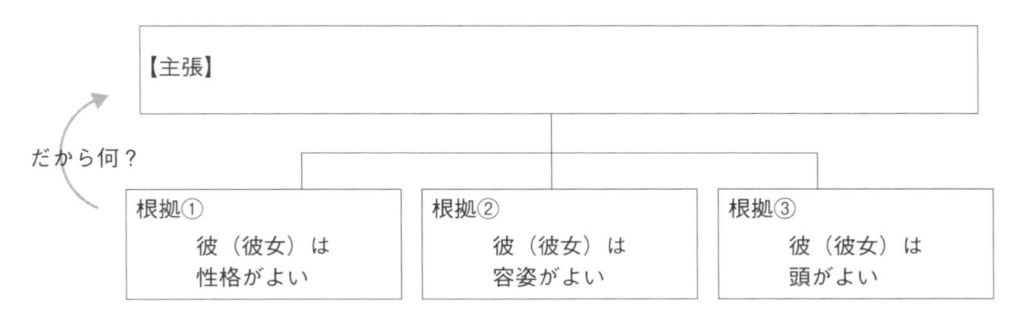

3）以下の空欄を埋めてみましょう。

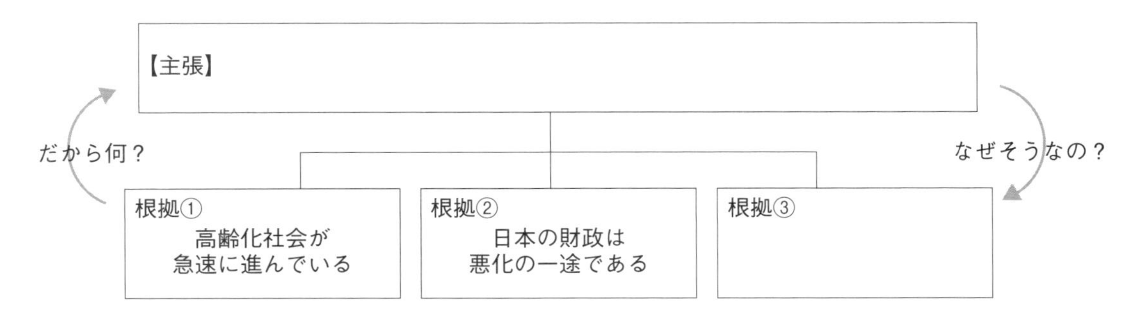

実習シート２

☞ p.12

学科：＿＿＿＿＿＿＿　番号：＿＿＿＿＿＿＿　名前：＿＿＿＿＿＿＿＿

あなたはスーパーの店員です。今回，国内産のリンゴ売り場を担当することになりました。さて，あなたなら，このリンゴをどのようにしてお客さんに売りますか。

PREP法で下記の空欄を埋めてみましょう。

例）P：私は，合宿先に房総半島をおすすめします。
　　R：なぜならば，①近郊なので参加率が上がることと，②宿の料理の評判がよいからです。
　　E：具体的には，①昨年は遠方だったため，途中からの参加希望者が５人いたのに参加できませんでした。②宿の料理の評判も，信憑性のある某サイトで５点中4.5点と高評価です。
　　P：よって，私は参加のしやすさと料理のおいしさから房総半島をおすすめします。

P…Point

主張：

R…Reason　なぜならば

根拠：

E…Example　具体的には

事例：

P…Point　よって

主張：

Part I　Part II

実習シート 3

学科：＿＿＿＿＿＿＿＿ 番号：＿＿＿＿＿＿＿＿ 名前：＿＿＿＿＿＿＿＿

「テーマ：お誘い」

1）あなたが〈お誘いするもの〉を下から一つ選びましょう。

[ホラー映画，マラソン，ダイエット，ボランティア，ヨガ，登山，船旅，宇宙旅行，家庭菜園]

2）〈プレゼン用シート〉

P 主　張	（例）イタリアンのお店「○○（店名）」に一緒に行きませんか？
R 根　拠 なぜならば……	（例）とても美味しいと評判なんです。 根　拠① 根　拠②
E 事　例 具体的には……	（例）ここ 1 カ月だけでも，雑誌で 4 件，テレビで 2 件の取材を受けているほどです。 事　例① 事　例②
P 主　張 よって……	（例）今度一緒に「○○（店名）」に行きましょう。

3）相手のよかった点・自分のよかった点を記入してみましょう。

相手のよかった点
自分のよかった点

実習シート1

☞ p.18

学科：＿＿＿＿＿＿＿＿ 番号：＿＿＿＿＿＿＿＿ 名前：＿＿＿＿＿＿＿＿＿

「テーマ：おすすめの＊＊＊＊」

1）ペアになった相手と一緒に，おすすめするものと意図を設定してみましょう。

①おすすめするもの：

②意　図：

- □ 納得してもらう
- □ 実際に購入してもらう
- □ 共感してもらう
- □ 驚いてもらう
- □ 相手からもオススメを聞き出したい（情報収集）
- □ お金を出してもらう
- □ 口コミで広げてもらう
- □ その他（　　　　　　　　　　　　　　　　　　）

2）1）で設定した意図にそって，プレゼンの内容を具体的に記入してみましょう。

3）プレゼン後：意図を設定することで，プレゼンにどんな違いがあるかを記入してみましょう。

実習シート２

☞ p.20

学科：＿＿＿＿＿＿＿＿　番号：＿＿＿＿＿＿＿＿　名前：＿＿＿＿＿＿＿＿＿

1）好きな食べ物を下の空欄に書いてみましょう。

2）プレゼンの意図：

A：好きだということを理解してもらう　　B：「美味しそうだね！」と言ってもらう

C：実際に食べて（購入して）もらう　　D：一緒に食べる（食べに行く）約束を取り付ける

〈プレゼン用シート〉**【例の意図はC】**

P　結　論	（例）横浜にある「○○（店名）」のモンブランを一度食べてもらいたいんです。
R　根　拠 なぜならば……	（例）①今までのモンブランのイメージが覆されると世間では評判になっています。 ②メディアでも多数紹介されているんですよ。 根　拠① 根　拠②
E　事　例 具体的には……	（例）①高さ20㎝，○○産の栗を８個も使ったビジュアルはインスタ映えします。 ②ここ１カ月だけでも，雑誌で４件，テレビで２件の取材を受けているほどです。 事　例① 事　例②
P　結　論 よって……	（例）ぜひ「○○（店名）」のモンブランを一度食べてみてください。

実習シート 3

評価対象者（相手）の名前：氏名＿＿＿＿＿＿＿＿＿＿＿＿＿＿＿＿

1）相手のプレゼンテーションについて，下記項目のうち該当するものにチェックを入れてみましょう。

区　分	評価項目及びチェック欄		
論　理 （ロゴス）	①	意図をもって伝えていた。	□
	②	結論と根拠が明確だった。	□
	③	具体例をあげていた。	□
	④	順序立てて伝えていた。	□
	⑤	プレゼンテーションに納得することができた。	□

2）よかった点，さらに工夫できる点はどこか。具体的に記入してみましょう。

よかった点
工夫できる点

実習シート１

☞ p.24

学科：＿＿＿＿＿＿＿＿ 番号：＿＿＿＿＿＿＿＿ 名前：＿＿＿＿＿＿＿＿

この一週間で自分の中に起こった感情について，そのときの出来事を思い出しながら○をつけましょう。

時間を忘れてしまう
とても興味深い
幸福
好奇心
愛情
高揚感
楽しい
ひょうきん
感動
心の底から込み上げてくる
屈託のない笑顔
満足
興奮がさめやらない
喜び
腹を抱えて笑う
渾身のガッツポーズ
嬉しい
この上なく好き
調子がいい
歓喜の雄叫び
ルンルン
とことん明るい
希望
心地よい
おちゃめ
愉快
気持ちいい
自信
期待
祝福する
同情
感極まる
自責
ワクワク
心からの感謝
罪悪感
迷い
羨望
一体感
無関心
失望
がっかり
胸が張り裂けそうになる
屈辱
辛い
なんとも言えない切なさ
無力感
後悔
孤独感
悲しみ
虚しさ
不信
怒りで
声が震える
不満
涙があふれる
絶望
怒りが込み上げる
腹に据えかねる
舌打ちしたくなる
突き刺さるような
悲しみ
怒り
イライラする
胸の痛み
心からの嘆き
爆発する
食って掛かる
無性に
腹が立つ
悲しくてたまらない
胸が空っぽになる
苦悩
孤立感
ムッとする
どうにも不愉快
はらわたが
煮えくり返る
声を荒立てる
嫌悪
嫉妬
羞恥心

実習シート 2

☞ p.26

学科：________　番号：________　名前：________

1）人に感情をうまく伝えていると思う人物／作品を二人／二つあげてみましょう。
例）友人，知人，著名人，テレビ番組，CM　など

①：________________

②：________________

2）1）の人物・作品が，感情を伝えている場面を具体的に記入してみましょう。

①
②

3）話し手の工夫（言葉，表情，ジェスチャーなど）と，聞き手（あなたや周囲）に生じた感情を具体的に記入してみましょう。

①	話し手の工夫
	聞き手に生じた感情
②	話し手の工夫
	聞き手に生じた感情

実習シート 3

☞ p.28

学科：＿＿＿＿＿＿＿＿ 番号：＿＿＿＿＿＿＿＿ 名前：＿＿＿＿＿＿＿＿

1）次の視覚情報と聴覚情報の中から一つずつ選んで，プレゼンしてみましょう。

テ ー マ：これまでで印象に残っている旅行，もしくはこれから行きたい旅行先
ポイント：プレゼンの前に，聞き手にどの非言語を使うか宣言する。

【視覚情報】（一つを選択してチェックをつける）

□ 表　情　□ 視　線　□ ジェスチャー　□ 姿　勢

【聴覚情報】（一つを選択してチェックをつける）

□ 声の強弱　□ スピード　□ 間　□ 高さ・低さ　□ 方　向

2）プレゼン後に気づいた点を記入してみましょう（各項目二つ以上）。

発表者として気づいたこと	聞き手として気づいたこと

実習シート4

☞ p.29

学科：＿＿＿＿＿＿＿＿　番号：＿＿＿＿＿＿＿＿　名前：＿＿＿＿＿＿＿＿

「テーマ：はじめての＊＊＊＊」

1）プレゼンをしようと思う体験を設定してみましょう。

体　験：＿＿＿＿＿＿＿＿＿＿＿＿＿＿＿＿

例）海外旅行，スポーツ，料理，感動したドラマ・書籍　など

2）その体験の中で生じた感情をできるだけ書き出してみましょう。

感　情：＿＿＿＿＿＿＿＿＿＿＿＿＿＿＿＿＿＿＿＿＿＿＿＿＿＿＿＿

例）興奮，悲しみ，喜び，怒り，寂しさ　など

3）エピソードやプレゼンの流れを記述してみましょう。

4）プレゼン後：相手のプレゼンに対して具体的なフィードバックをしてみましょう。

実習シート1

☞ p.35

学科：＿＿＿＿＿＿＿＿　番号：＿＿＿＿＿＿＿＿　名前：＿＿＿＿＿＿＿＿＿

好きな映画について，ストーリーの要素を書き出してみましょう。

映画のタイトル：＿＿＿＿＿＿＿＿＿＿＿＿＿＿＿＿＿＿＿＿＿　例）ハリー・ポッター

きっかけ（スタート）	（例）フクロウがホグワーツの招待状を持って現れた
目　的（ゴール）	（例）ヴォルデモートを倒し，魔法界と人間界に平和をもたらす
課　題（困　難）	（例）デスイーターとの死闘，ブラックやダンブルドア校長との別れ
変　化（成　長）	（例）仲間との経験，父・母・師からの教えを受け，自らの使命を全うする姿

実習シート 2

☞ p.36

学科：＿＿＿＿＿＿＿＿　番号：＿＿＿＿＿＿＿＿　名前：＿＿＿＿＿＿＿＿

1）これまでの経験の中で

- ☐ うまくいったこと　☐ 努力したこと　☐ 嬉しかったこと
- ☐ がっかりしたこと　☐ 迷ったこと　☐ 悔しかったこと

は何か。具体的な場面をイメージして一つあげてみましょう。

2）なぜ，うまくいった（がっかりした　など）のか。経験を振り返りながら記入しましょう。

3）その経験の中で今の自分の糧になっていることがあるとしたらどんなことか，記入しましょう。

実習シート 3

☞ p.38

学科：＿＿＿＿＿＿＿＿　番号：＿＿＿＿＿＿＿＿　名前：＿＿＿＿＿＿＿＿＿

「テーマ：ストーリーをつくる」
子どもの頃の習い事や部活動について，自分のストーリーをつくってみましょう。

1）ストーリーをつくる過去の体験
　例）スイミング，ピアノ，サッカー部，吹奏楽部　　など

2）ストーリーをつくる　　例）サッカー部

きっかけ （スタート）	（例）サッカー漫画に憧れて，友人と一緒にサッカーを始めた。
目　的 （ゴール）	（例）県大会でベスト４以内に入る！　県の選抜メンバーに選ばれて海外遠征に行く！
課　題 （困　難）	（例）レギュラー争いが激しく，レギュラーになれないことも。怪我にも悩む。
変　化 （成　長）	（例）練習を続けていると，あるときから急に上達する。県の選抜にも選ばれる。
タイトル （意味づけ）	（例）継続はチカラなり！

実習シート４

☞ p.38

評価対象者（相手）の名前：＿＿＿＿＿＿＿＿＿＿＿＿＿＿＿

1）相手のプレゼンについて，下記項目のうち該当するものにチェックを入れてみましょう。

区　分	評価項目及びチェック欄		
論　理（ロゴス）	①	意図をもって伝えていた。	□
	②	結論と根拠が明確だった。	□
	③	具体例をあげていた。	□
	④	順序立てて伝えていた。	□
	⑤	プレゼンテーションに納得することができた。	□
感　情（パトス）	①	感情を込めて伝えていた。	□
	②	表情，ジェスチャー，視線を意識していた。	□
	③	声のトーン，間，スピードを意識していた。	□
	④	ストーリーを組み立てて伝えていた。	□
	⑤	プレゼンテーションに共感することができた。	□

2）よかった点，さらに工夫できる点はどこか。具体的に記入してみましょう。

よかった点
工夫できる点

実習シート 1-1

☞ p.42

学科：＿＿＿＿＿＿＿　番号：＿＿＿＿＿＿＿　名前：＿＿＿＿＿＿＿＿

あなたは患者として医療機関の診療を受けに来ました。

どんな医療者に診てもらいたいですか。
あるいはどんな医療者には診てもらいたくないですか。

具体的に書き込んでみましょう。

設　定：患者としてのあなた
症　状：4 日前から下腹部に痛みと微熱が続いている。食欲も無く，痛みは日に日に強くなっている気がする。
心　理：病状が深刻でないか不安

上記の設定をふまえ，診てもらいたい医療者，診てもらいたくない医療者を記入しましょう。

診てもらいたい医療者	診てもらいたくない医療者

実習シート 1-2

学科：＿＿＿＿＿＿＿　番号：＿＿＿＿＿＿＿　名前：＿＿＿＿＿＿＿＿

あなたは顧客として PC を買うために家電量販店に来ています。

どんな店員から話を聞きたいですか。
あるいはどんな店員からは話を聞きたくないですか。

具体的に書き込んでみましょう。

設　定：顧客としてのあなた
購入の経緯：7 年間使っていた PC の調子が思わしくなく，重い腰を上げて店に足を運んだ。
心　理：PC の知識に乏しく，店員とのやり取りに不安を感じている。一方，「安物買いの銭失い」は避けたいと考えている。

上記の設定をふまえ，話を聞きたい店員，話を聞きたくない店員を記入しましょう。

話を聞きたい店員	話を聞きたくない店員

実習シート2

☞ p.44

学科：＿＿＿＿＿＿＿＿　番号：＿＿＿＿＿＿＿＿　名前：＿＿＿＿＿＿＿＿

1）あなたにとっての「信頼」に近いと思われる価値観を三つチェックしてみましょう。

☐ 安　心　☐ 誠実さ　☐ やさしさ　☐ 感謝される　☐ おもいやり
☐ チームワーク　☐ 正直さ　☐ 約束を守る　☐ 頼りがい　☐ 行動力
☐ 実績がある　☐ 素直さ　☐ 親しみやすさ　☐ 熱心さ　☐ 公平さ
☐ その他（　　　　　　　　　　）

2）あなたにとっての信頼とは何ですか。（1）の価値観から選んでも可）

3）なぜ信頼が必要なのでしょうか。

4）あなたが信頼を得た具体的な体験について書いてみましょう。

例）中学校２年のとき，友達から恋愛の相談を受けた。結局，その恋は実らなかったが，友達からは「ありがとう」と言われた。

5）あなたのどんなところが，4）の信頼に結びついたと思いますか。

例）相手の話を親身になって聞いたこと。私が本気で応援していたのが相手にも伝わった。

実習シート 3

☞ p.45

学科：＿＿＿＿＿＿ 番号：＿＿＿＿＿＿ 名前：＿＿＿＿＿＿

「テーマ：自分の人生に影響を与えた人，もしくは出来事」

1）タイトル・意図・聞き手に伝えたい価値観を設定しましょう。

タイトル	(例) ○○を目指したきっかけ・恩師と今の自分・自分を変えた○○の体験
意図	
伝えたい価値観	(例) 思いやり・ひたむきさ・チームワーク・感謝・情熱・行動力

2）プレゼンの内容を具体的に記入してみましょう。

実習シート 4

☞ p.45

学科：＿＿＿＿＿＿　番号：＿＿＿＿＿＿　名前：＿＿＿＿＿＿

プレゼンの「よかった点」「工夫できる点」を記入してみましょう。

	発表者	よかった点	工夫できる点
例	○○さん	・身近な話で共感できた。 ・声が聞き取りやすかった。	・ゆっくりと話すともっとよい。 ・事例を入れるとより納得できる。
例	□□さん	・論理的でわかりやすかった。 ・ジェスチャーが印象的。	・アイコンタクトがあるとよい。 ・苦労した部分も聞きたかった。

	発表者	よかった点	工夫できる点
1			
2			
3			
4			
5			
6			
7			
8			
9			
10			
11			

評価対象者の名前：＿＿＿＿＿＿

よかった点	工夫できる点

実習シート 5

☞ p.45

学科：＿＿＿＿＿＿＿　番号：＿＿＿＿＿＿＿　名前：＿＿＿＿＿＿＿＿

以下の評価項目について該当するものにチェックをつけてみましょう。

区分	評価項目及びチェック欄		
論　理（ロゴス）	①	意図をもって伝えていた。	□
	②	結論と根拠が明確だった。	□
	③	具体例をあげていた。	□
	④	順序立てて伝えていた。	□
	⑤	プレゼンテーションに納得することができた。	□
感　情（パトス）	①	感情をこめて伝えていた。	□
	②	表情，ジェスチャー，視線を意識していた。	□
	③	声のトーン，間，スピードを意識していた。	□
	④	ストーリーを組み立てて伝えていた。	□
	⑤	プレゼンテーションに共感することができた。	□
信　頼（エトス）	①	聴衆の立場を尊重する姿勢が見られた。	□
	②	話し手の人柄を信頼できた。	□
	③	話し手が大切にしている価値観を理解できた。	□
	④	「伝わる」プレゼンテーションだった。	□
	⑤	話し手の話をまた聞きたいと思った。	□

実習シート１

学科：＿＿＿＿＿＿＿　番号：＿＿＿＿＿＿＿　名前：＿＿＿＿＿＿＿＿

「テーマ：現在，関心をもっていること」

1）テーマ

2）話し手はテーマにそってプレゼンを行いましょう。

3）聞き手は話し手のプレゼンについて具体的に記入しましょう。

観察した項目	具体的な内容
キーワード	
論理構造	
感　情	
声	
目　線	
ジェスチャー	
意　図	

4）Iメッセージを意識しながら，フィードバックしましょう。

Part I
Part II

実習シート 2 ※プレゼン側

☞ p.55

学科：＿＿＿＿＿＿＿＿ 番号：＿＿＿＿＿＿＿＿ 名前：＿＿＿＿＿＿＿＿

1）下記から一つ選んでプレゼンの準備をしましょう。

□学 業 □部 活 □友 人 □家 族 □趣 味 □アルバイト
□その他（ ）

2）テーマにそってプレゼンを行いましょう。

3）相手からのフィードバックを受けた後に，下記に記入しましょう。

参考にできるフィードバック

4）3）の内容を相手に伝えましょう。

おわりに

東京慈恵会医科大学の教育理念に「医学を深く理解し，豊かな人間性と倫理的・科学的判断力を涵養する」という言葉があります。涵養とは，「水が自然と地表に染み込むように，時間を掛けてゆっくりと養い育てる」ことを意味し，まさにプレゼンにもこの涵養という言葉が当てはまると考えています。プレゼンを「誰かに何かを伝える場」ととらえれば，じつは私たちの身近な，いたるところにプレゼンの機会があることに気づけます。言い換えれば，人と関わる場には，必ずプレゼンが生まれるということです。

私たち自身やこれまでの学生を見てきて確実にいえることは，プレゼンは，やればやるほど上達するということです。それも意識的に実践し，他者と学び合うことでその効果は一段と高まります。本書で実習を多く用意しているのも，ここに意図があります。なぜならば，プレゼンに関する知識や技術をいかに習得しても，実践しなければその上達にはつながらないからです。そして，本書での学びをぜひ日常生活に活かしてもらいたいというのが私たちの切なる想いでもあります。

さまざまな人との関わりやシチュエーションの中で，プレゼンの唯一の正解や法則というものはありません。うまくいくこともあれば，ときにはうまく伝わらないこともあるでしょう。しかし，どちらのケースにせよ，それはプレゼンの上達の機会を得るチャンスでもあります。そのためにも本書で繰り返し実習したプレゼン後の「振り返り」を大切にしてください。実践と振り返りの積み重ねが，みなさんのプレゼンの向上に着実につながっていきます。そして「伝える」から「伝わる」への階段を一歩ずつ進み，関わる人々や社会に向けてみなさんの考えや想いを届けていってください。

本書を通じて，プレゼンを身近に感じてもらい，人から学ぶこと。そして自分自身がどのようなプレゼンを行い，これからどのようなプレゼンを行いたいのかを考え，感じてもらう一助になれば幸いです。

謝　辞

この書籍の内容は，東京慈恵会医科大学での授業を通じてできあがったものになります。関わったすべての方々，そして，この授業を受講した過去の学生のみなさんにも心より感謝を申し上げます。

■ **著者紹介**
杉田祐一（すぎた ゆういち）
東京慈恵会医科大学非常勤講師。
税理士法人まこと会計代表。税理士。

谷田昭吾（たにだ しょうご）
東京慈恵会医科大学非常勤講師。講演・研修講師。
ヘルスケアオンライン株式会社代表取締役。

■ **監修者紹介**
杉原　桂（すぎはら かつら）
医療法人社団　縁風会理事長。
ユアクリニック秋葉原院長。医学博士。
東京慈恵会医科大学，昭和大学非常勤講師。

橋本ゆかり（はしもと ゆかり）
株式会社ユアパートナー。
東京慈恵会医科大学，昭和大学非常勤講師。

■ **編者紹介**
野呂幾久子（のろ いくこ）
東京慈恵会医科大学医学部教授，博士（情報科学）。

プレゼンテーション実践トレーニング

2019年4月30日　初版第1刷発行　（定価はカヴァーに表示してあります）
2024年3月31日　初版第3刷発行

監修者　杉原　桂
　　　　橋本ゆかり
発行者　中西　良
発行所　株式会社ナカニシヤ出版
〒606-8161　京都市左京区一乗寺木ノ本町15番地
Telephone　075-723-0111
Facsimile　075-723-0095
Website　http://www.nakanishiya.co.jp/
E-mail　iihon-ippai@nakanishiya.co.jp
郵便振替　01030-0-13128

装幀＝白沢　正／印刷・製本＝ファインワークス

ISBN978-4-7795-1394-7